AF607747

EL PODER DE LOS ÁNGELES

JONATHAN SLEIGTHON

EL PODER DE LOS ÁNGELES

JONATHAN SLEIGTHON

ARCANA

EL PODER DE LOS ÁNGELES

Ilustración y diseño portada: Daniel Jurado

Edita: Olmak Trade S.L.
C/ Roca Plana 1
08110 - Montcada i Reixac
Barcelona (España)

www.olmaktrade.com
info@olmaktrade.com

@O_BookTrade

Impreso en España / Printed in Spain

I.S.B.N: 978-84-16827-35-0
Depósito Legal: B 23300-2024

Ángel de la Guarda, dulce compañía,
no me desampares ni de noche ni de día,
no me dejes solo, que me perdería.
Amén.

INTRODUCCIÓN

ENTRE LA TIERRA Y EL CIELO

¿Qué hay entre el cielo y la tierra? Aire, simple y llanamente, aire. Pero qué hay entre el Cielo y la Tierra, es decir, entre ese cielo que siempre hemos contemplado con mística fascinación desde nuestra vida terrenal.

También podríamos decir, copiando la tradición bíblica, que entre el Cielo y la Tierra hay Siete Cielos, y que en cada uno de ellos existe todo un mundo poblado por ángeles buenos, ángeles malos, pecadores que están siendo castigados, como dijo Enoch, o bien hombres justos que están siendo premiados con el maná celestial, como dijo Ezequiel. Pero, a primer golpe de vista, entre el Cielo y la Tierra no hay más que aire.

El hombre, desde un punto de vista racional, no es otra cosa que un primate superior, un animal más, un simple habitante de este planeta. Si lo miramos a través del microscopio, no es más que un conjunto de células más o menos contaminado por virus y bacterias.

Desde un punto de vista mágico puede verse como un diamante en bruto, como un ser poderoso por descubrir.

Desde un punto de vista religioso, el hombre puede ser un ángel en potencia, un demonio en ciernes, un simple y mortal juguete de los dioses, un pecador más, o un ser involucionado que está en camino de obtener sus alas.

Pero, desde un punto de vista materialista, el hombre no es más que un conjunto de vísceras más o menos organizadas que comen y excretan, sin más sentido que seguir la cadena alimentaria de la naturaleza.

Por supuesto, podemos ir un poco más allá y descubrir que, independientemente de la animación de la células, el hombre está principalmente compuesto de moléculas de carbono y agua. Hidrógeno, oxígeno, carbono, hierro, nitrógeno, calcio, elementos naturales al fin y al cabo, átomos de materia común y corriente, sin más.

El hombre no es nada más que eso: unas cuantas moléculas ordenadas sobre un inmenso vacío, organizadas y animadas por ese extraño misterio que denominamos vida.

El elemento más pequeño de su constitución es el hidrógeno, con un solo electrón dando vuelta alrededor del núcleo. No hay ningún elemento conocido más simple dentro de la naturaleza.

El hidrógeno, por tanto, parece ser el origen de la creación, y, consecuentemente, del hombre. Está formado de un electrón y un núcleo, en el núcleo hay un protón y un neutrón. Hasta hace pocos años se creía que no había nada más pequeño y que no se podía encontrar nada más allá en este sentido, pero poco a poco se han ido descubriendo fragmentos más pequeños del átomo, como los positrones y los neutrinos, hasta llegar a los *quarks*, y es muy posible que a medida que la técnica avance se vayan descubriendo fragmentos elementales más y más pequeños, hasta llegar prácticamente a la nada.

Bien, el conocimiento humano no llega más allá, y por eso, detrás del neutrino más pequeño nos queda la pregunta de siempre: ¿qué hay antes del neutrino? ¿quién creó el neutrino? ¿de dónde salió el neutrino? Algunos responden, de una o de otra manera, que detrás de todo esto está, o debe de estar, la fuerza mística y vital que mueve todo el universo, y que muchos denominan Dios.

No hablo del Dios personal ni del Dios patriarcal al que se refieren tan a menudo las religiones; no, en este momento me estoy refiriendo al eterno inconmovible, a la fuerza inconcebible, al sin nombre, sin forma ni personalidad, al que es todo luz y todo esencia, al Dios que no podemos entender ni acceder por mucho que lo intentemos; ése que está más allá de toda creencia y de toda vida, de todo conocimiento y de toda sabiduría, al que no se le reza ni se le pide, al que no se le teme ni se le rinde pleitesía, al que forma parte del todo y de la nada, al que sustenta a los dioses que creemos conocer, y que ni los mismos dioses conocen ni entienden.

Desde este hipotético punto de vista, entre el Cielo y la Tierra hay miles de millones de mundos paralelos, miles de millones de distintas dimensiones ocupando exactamente el mismo punto, en el mismo tiempo y el mismo espacio, compartiendo la misma eternidad, por increíble que parezca.

No se trata de inventar lenguajes, como Carlos Castaneda, para redescubrir los viajes astrales dentro de la «segunda atención», se trata simplemente de las posibilidades esotéricas y físicas que componen nuestro amplio y complejo universo.

Las ciencias, a pesar de su aparente acartonamiento, no hacen otra cosa que buscar las mismas respuestas que las religiones han perseguido siempre: descubrir el misterio de la vida y de la naturaleza.

La Física, aparentemente tan seria y concreta, no ha hecho otra cosa en toda su historia que intentar descubrir el origen de los fenómenos que mueven a nuestro universo, y nos habla de energías y de fuerzas sutiles y mesurables, de la misma manera que los brujos de la antigüedad nos hablaban de influencias divinas o demoníacas. La Física intenta utilizar el razonamiento y poder repetir en un laboratorio sus descubrimientos, mientras que la magia intenta utilizar la intuición y poder hacer funcionales sus artes de hechicería. Parece un contrasentido, pero ambas explican a su modo el universo y ambas intentan dominar o conocer las fuerzas que nos envuelven. Por si fuera poco, ambas utilizan un lenguaje que es incomprensible para los seres humanos comunes y corrientes.

Conceptos como la relatividad del tiempo y la vibración subatómica, nos suenan tan a chino como un quincucio astrológico o un mantram budista. Todas las cosas son perfectamente explicables, pero no todos somos capaces de comprender las explicaciones que se nos dan.

La Magia nos habla de los distintos mundos que se contienen en éste, mientras que la Física nos dice que la vibración molecular determina nuestra capacidad de percepción de las cosas que consideramos sólidas. Ambas confluyen en señalar que las cosas no son como pensamos que son, que ni siquiera son como las vemos o como las sentimos, y a nosotros, los ciudadanos de a pie, limitados por nuestros propios sentidos, se nos hace muy difícil entender de qué nos están hablando.

La única diferencia entre la magia y ciencia, es que la magia intenta mirar con los ojos del alma lo que la ciencia intenta ver con microscopios o con telescopios, mientras que ambas parten de la misma premisa: la limitación de nuestros cinco sentidos, que nos impiden ver y oír más allá de nuestras narices.

En la Tierra estamos los hombres, y en el Cielo se haya lo ignoto, o si ustedes lo prefieren, los dioses, y entre los hombres y lo ignoto está el aire, simplemente el aire, pero dentro de este aire también hay miles de pobladores que unos llaman intuiciones, inspiraciones o descubrimientos, mientras que otros denominan simplemente ángeles.

¿Qué hay entre el Cielo y la Tierra? Entre el cielo y la Tierra se encuentran los mensajeros de los dioses, esos seres que han recibido toda clase de nombres a través de las distintas culturas que conforman a la humanidad, y que para la mayoría del mundo occidental no son otra cosa que las inteligencias celestiales, los ángeles en persona.

A lo largo de este libro recorreremos, en la medida de lo posible, el camino que hay entre el Cielo y la Tierra para llegar a contactar con nuestros ángeles custodios, nuestros ángeles guardianes.

Intentaremos no confundirlos con otros seres, benéficos y maléficos, que habitan en las regiones desconocidas de nuestro universo, y desvelaremos la forma más sencilla y asequible de invocarlos, porque también nosotros, al igual que los magos y los científicos, intentamos descubrir y explicar el fenómeno existencial que nos ha tocado vivir.

PROMETEO,
o la transgresión del ángel

Cuando descubrimos un placer,
pocas veces sabemos
si nos encontramos delante
de un pecado o de una virtud.

«Cuenta la leyenda que cuando el hombre vivía en las tinieblas de su cerebro simiesco, un ser celestial se compadeció de la humanidad y decidió, sin consultarlo con el dios jerarca, ayudar a aquellas pobres criaturas.

Entonces, a escondidas de sus divinos compañeros, cogió el fuego sagrado y lo llevó a la Tierra, y ahí enseñó a los hombres cómo usar el poder del ígneo elemento.

A partir de entonces, las tinieblas empezaron a desaparecer del pensamiento humano, y aquellos seres simiescos comenzaron a comportarse con inteligencia y a dominar su entorno, y así fue como el hombre empezó a ser hombre de verdad.

El ser celestial compasivo, el ser celestial que se compadeció de aquellas débiles criaturas, en lugar de recibir las condecoraciones que refrendaran su buena acción, fue condenado a sufrir males eternos.

De nada le sirvió sentir un aprecio especial por los hombres, de nada le sirvió arriesgar su posición sagrada, de nada le sirvió ser magnánimo y misericordioso, de nada le sirvió despertar del letargo a la hosca y primitiva humanidad.»

Esta podría ser perfectamente la leyenda de Prometeo, el dios griego que llevó el fuego a los hombres para que se quitaran el frío, el hambre y la ignorancia de encima, pero también puede ser la leyenda de cualquier otro ser celestial que haya favorecido a la humanidad sin el visto bueno de las más altas autoridades divinas.

En la mayoría de cosmogonías, aparece la figura de un ser celestial que termina condenado por salvar a los hombres de su destino animal.

El mismo Lucifer pasa por el complejo de Prometeo: el gran ángel caído, el Satanás bíblico, cae de la gracia de Dios por abrir los ojos de la humanidad representada por Adán y Eva.

De hecho, cualquier rebelión contra las autoridades celestiales ha terminado con una condena sobre el ángel rebelde, sobre el ángel transgresor, independientemente del acto que haya hecho. Y de esta manera, tanto si el ángel rebelde ha ayudado a la humanidad, o si la hundido más, ha terminado con sus huesos en el infierno o sufriendo un sinfín de males para toda la eternidad.

El rebelde siempre paga con su vida su revolución, pero esto no impide que, una vez iniciada la revolución, una vez realizados los cambios necesarios, las autoridades celestiales abran una vía de diálogo entre el Cielo y la Tierra.

Una vez que Prometeo da el fuego a los hombres, los hombres aprenden que existen lo dioses, que hay una luz en su interior, que en cierta forma ellos también son divinos y parte de la creación. Y a partir de este momento, los dioses no tienen más remedio que reconocer y ayudar a sus antiguas mascotas, a sus hermanos menores.

Quizá los dioses esperaban que los hombres despertaran por sus propios medios, sin la ayuda de un ángel transgresor, pero una vez que el mal o el bien están hechos, a los dioses no les queda más remedio que asumir la evolución de los hombres.

Antes de tener el fuego entre las manos, antes de saber dominar el fuego, los hombres vivían como el resto de los animales, sin distinguirse de ellos. Sin fuego no se podía dominar al frío, sin fuego no se podía cocinar, sin fuego no se podía ver en la noche, sin fuego no se podía avanzar en el conocimiento.

Después vinieron otras ayudas, inevitables para continuar con la evolución de los hombres, como la agricultura, la ganadería, la organización social, la ciencia y la religión.

Una vez disipadas las tinieblas de la mente de los hombres, los dioses tuvieron que seguir ayudándolos, inspirándolos y guiándolos por el buen sendero hacia la divinidad.

Lucifer también llevó, a su manera, la luz a los hombres, de ahí su nombre, pero como lo hizo sin el consentimiento de Dios, tuvo que pagar con su propia persona la transgresión.

Hasta entonces, mientras no ofreció la manzana del Árbol del Conocimiento a Adán y Eva, Lucifer tenía la oportunidad de congraciarse con Dios, de volver a la luz divina, pero al tocar la creación de su Señor, se vio condenado al infierno hasta el fin de los tiempos. A Dios le dolió más la intromisión profesional de Lucifer, que su anterior rebelión.

A todos los jefes les pasa más o menos lo mismo. Sí, hasta en la esfera humana más común y corriente, la jerarquía castiga más la competencia que la incompetencia. Un jefe puede soportar la ineficacia de algunos de sus colaboradores, pero no puede soportar que uno de sus empleados le haga sombra, aunque este empleado sea el mejor que tenga.

Lucifer era el más fuerte, el más poderoso y el más hermoso ángel de Dios, la mano derecha del creador del universo, pero eso no impidió que fuera tremendamente castigado cuando se interpuso entre Dios y su obra. Adán y Eva comieron del fruto del conocimiento, y descubrieron lo que era el bien y lo que era el mal, de la misma forma que descubrieron su propia divinidad e importancia, y eso no le gustó nada a Dios.

De haber seguido en el Paraíso Terrenal, es muy posible que Adán y Eva no hubieran evolucionado nunca, o, en todo caso, lo habrían hecho poco a poco, justo en la medida que Dios quería que evolucionaran. En el Paraíso no eran más que animalitos, mascotas del Señor que los observaba contento de su obra, pero sin albedrío ni pensamiento propio. Dios tenía un Plan para ellos, y dentro de este plan no cabía la rebeldía ni el autoconocimiento.

Si nos ceñimos a las leyendas bíblicas, Adán y Eva no eran realmente los primeros pobladores humanos de la Tierra. Antes que ellos existían los edomitas.

Los edomitas, de los que no se sabe prácticamente nada, y quizá por culpa de Lucifer, fueron un experimento fallido, ya que eran orgullosos y no reconocían la total autoridad de Dios. Los edomitas iban demasiado por su cuenta y eso ofendía al Creador, así que fueron destruidos casi en su totalidad, como dice la Biblia, cuando Dios destruyó la Tierra y todo quedó infectado, oscuro y sin vida. Sólo dos reyes edomitas y sus tribus fueron salvados de aquel cataclismo, y una vez que la tierra fue limpiada y vuelta a la vida por los Elohim (ángeles de los que hablaremos un poco más adelante), Adán y Eva fueron creados por Dios en el Paraíso Terrenal mientras los preservados reyes de Edom y sus tribus fueron bajados del Cielo para repoblar otros lindes del planeta.

Zeus, cuando Prometeo entregó el fuego de la sabiduría

Adán y Eva comieron el fruto del conocimiento, y descubrieron lo que era el bien y el mal…

a los hombres, no se tomó tantas molestias con los humanos, simplemente condenó a Prometeo al martirio eterno de que un águila le comiera las entrañas. Dios sí se tomó la molestia de intentar crear una nueva humanidad, más pura y más inocente, paralela a las tribus edomitas que poblaban el mundo, en la persona de Adán y Eva, la simiente divina del pueblo de Israel, pero Lucifer se interpuso de nuevo en sus planes e igualó a Adán y Eva con los edomitas, arrastrándolos en su revolución a una vida demasiado humana.

En la India, donde los hombres son más espirituales y devocionales que las tribus semíticas, la cosmogonía nos habla de Shiva y Vishnú como los dioses que, en cierta forma, echaron a perder los planes de Brahma, y todo por lo mismo, es decir, por llamar la atención de los hombres hacia los dioses, acto suficiente para revolucionar la evolución de los hombres sobre la Tierra.

Tal parece que en los planes de la jerarquía celestial no se contemplaba el precoz despertar de los hombres, y que esta misma evolución acelerada le obligó a establecer un medio de comunicación entre el Cielo y los hombres.

La Biblia nos habla de los ángeles y de los profetas como mediadores entre el Cielo y los hombres. El profeta mismo no es más que un hombre que necesita de los ángeles o de la inspiración celestial para transmitir los mensajes divinos a los hombres, y las necesidades humanas a los seres celestiales. El ángel es el verdadero intermediario entre Dios y los hombres, aunque Jehová, como cualquier otro dios de la jerarquía celestial, está facultado para comunicarse directamente con los hombres si así lo cree necesario.

De hecho, en la Biblia hay ciertas confusiones en lo que a la personalidad de Dios se refiere, y aunque sólo tres arcángeles son mencionados en las Escrituras (Miguel, Gabriel y Rafael), los estudiosos creen que en muchas ocasiones los profetas hablan con uno u otro ángel cuando creen estar hablando con Jehová en persona. Jehová, el más alto representante de la jerarquía celestial hebrea, es confundido a menudo con los Elohim, con los Beni Elohim, con Uriel, con Miguel y con Gabriel.

LOS ELOHIM

Una vez que Lucifer había echado a perder a los Reyes de Edom, los ángeles creadores y redentores de luz, los Elohim, limpiaron y rehabilitaron la Tierra, y más que Jehová en persona, ellos se encargaron de la Creación que relata el Génesis. Los Elohim fueron los que descansaron al séptimo día. Incluso, la forma plural del texto bíblico, indica que la confección de Adán y Eva fue realizada por los Elohim, y no por Jehová en persona.

No en vano a Jehová se le llama el sin nombre, el innombrable, el que está más allá, el señor oculto, porque, como en el caso de Brahma, su cualidad esencial está muy lejos del hombre y de todo lo que esté relacionado con el hombre.

Es difícil hablar de un Dios completamente ajeno a los problemas humanos y terrestres, porque desde siempre nos han enseñado un Dios con personalidad propia y hasta con un aspecto físico definido. Sin embargo, y a pesar de la popularización de Dios, las escrituras sagradas de todos los tiempos hacen una clara distinción entre los dioses, los demiurgos, los ángeles y el verdadero y único Dios.

Entre el verdadero Dios y el Dios que conocemos hay una amplia diferencia, ya que el Dios personalizado que conocemos responde más a la figura de un jerarca celestial, de un ángel de primera magnitud, que a un Dios único y universal propiamente dicho.

Los Elohim, habitantes del Sol, así como el resto de los arcángeles que aparecen en la Biblia y en otros textos sagrados o míticos, responden más a la idea que los seres humanos tenemos desde el principio de los tiempos sobre Dios.

LOS BENI ELOHIM

Los Beni Elohim, o los hijos de los Elohim, fueron los ángeles que se mezclaron con las hijas de los hombres dejando su simiente divina entre los hombres.

Una de las preguntas básicas de todos los niños que practican la religión católica, se refiere a cómo pudieron Adán y Eva repoblar la Tierra por sí solos, sin caer en la más reprobable de las endogamias. Es decir, cómo es posible que sólo dos personas con un hijo (tras la muerte de Abel) pudieran dar lugar, ya no sólo a las doce tribus de Israel, sino a la humanidad entera.

Ni los sacerdotes, y mucho menos las catequistas, se refieren en ningún momento a los Elohim, a los hijos de los Elohim, o a los edomitas, y dejan que los niños piensen que Eva tuvo más hijos que se casaron entre ellos para dar lugar a la repoblación de la Tierra, practicando el incesto hasta el hartazgo. Cuando, según las leyendas que se pueden leer en la misma Biblia, los hijos de Adán y Eva, que en realidad fueron más que Caín y Abel, se mezclaron con los edomitas y con los hijos de los ángeles y las mujeres edomitas que poblaban la Tierra más allá del Paraíso.

Es muy posible que los jerarcas eclesiásticos, antes de que en el siglo II a. C. se diera forma a los textos sagrados, compilando unos y rechazando otros, creando lo que ahora conocemos como Antiguo Testamento, fueran más explícitos con su parroquia y que contaran a sus fieles una cosmogonía menos oscura y más lógica, pero desde que los grandes imperios hicieron su aparición en la Tierra, el ocultismo veló lo más básico de las enseñanzas religiosas.

En otras palabras, a partir del II siglo a. C., los ángeles dejaron de tener la debida comunicación e influencia sobre los hombres.

LA EDAD DE ORO Y EL PRIMER APOCALIPSIS

Quizá las jerarquías celestiales no deseaban la precoz evolución de los hombres porque temían que pasara lo que pasó dos siglos antes del nacimiento de Cristo.

Si echamos una mirada a las historias y leyendas de la humanidad antes de esta fecha, descubriremos la certeza que se tenía de la existencia y coexistencia de los seres divinos con los hombres.

Los profetas bíblicos estaban acostumbrados a hablar con los ángeles, con Jehová, y a menudo se topaban con toda suerte de señales y actos divinos. Los griegos hablaban de sus dioses como si los tuvieran al lado, y no como seres invisibles que sólo se manifestaban en la imaginación de los más beatos.

Entre los egipcios la presencia divina era más un hecho cotidiano que una desvelada teoría, y entre los nórdicos, los chinos y los pueblos americanos parecía patente una comunicación intensa y directa con toda clase de seres sobrenaturales.

Y de pronto, de un siglo para otro, los seres divinos empezaron a brillar por su ausencia, dejando tras de sí un cúmulo de leyendas difíciles de corroborar, como si un pacto de silencio se hubiera establecido entre los ángeles y los hombres, o como si las entidades divinas se hubieran decidido a hablar y pactar sólo con las cúpulas de las jerarquías religiosas.

¿Perdió el hombre su imaginación religiosa? ¿O las jerarquías religiosas secuestraron su pensamiento mágico?

Cuando se reunieron los Setenta Sabios y recopilaron los más antiguos escritos religiosos para dar forma a lo que ahora conocemos como Biblia, no lo hicieron sólo en un intento de conformar lo que sería la religión a partir de entonces. Todo lo contrario, creían firmemente en que el final de los tiempos se acercaba y querían encontrar el medio para contactar con los seres celestiales. Los textos oficializados de la única religión monoteísta de la época quedaron como la parte externa del conocimiento místico, mientras que los textos más mágicos pasaron a formar parte del bagaje esotérico de los Setenta Sabios. A estos textos se les llaman apócrifos, pero no por su falsedad, sino porque conformaban el aspecto interno, mágico y misterioso de las Sagradas Escrituras. Curiosamente, los textos que han pasado a la historia son los oficiales, mientras que los escritos secretos se perdieron o dejaron de tener importancia con la llegada de la Edad de Oro.

En los textos ocultos, como más tarde sucedió con el Nuevo Testamento, lo más importante era el apocalipsis que se venía encima con el cambio de las constelaciones. La famosa Edad de Oro, esperada hasta por los Césares, era contemplada bajo dos prismas bien distintos:

1. La llegada de una nueva era donde los ángeles volverían a la Tierra para convivir con los hombres como sus iguales.

2. El fin de los tiempos con la devastación del planeta.

Y en cualquiera de los dos supuestos los jerarcas religiosos y políticos querían estar bien considerados por las jerarquías celestiales.

Hasta los textos mágicos de Oriente hablaban de un final de los tiempos. Brahma cerraría un ojo, o Shiva despertaría de su sueño, y todo el universo regresaría al caos del que emergió.

Antes de que la física descubriera el principio de entropía, las antiguas religiones ya hablaban de que si todo había salido del caos y de la nada, todo volvería al caos o a la nada en un momento determinado, y la mayoría de sabios y religiosos de la época, orientales y occidentales, coincidían en que ese caos llegaría cuando la constelación de Piscis alcanzara, en el retroceso de los equinoccios, la posición que ocupaba hasta entonces la constelación de Aries. Estrellas como Serpentarius y cometas como el Halley y el Kojouteck se encargaron de corroborar las teorías de cambio inevitable sobre el planeta.

Aquellos sesudos sabios creían a pies juntillas en la influencia de los cielos en la Tierra, ya fuera por el movimiento de las luces errantes (los planetas), por el movimiento de las constelaciones o por la implicación directa de los ángeles y los dioses. ¿Cómo iban a imaginar siquiera que un cambio tan importante en el firmamento no iba a tener ninguna consecuencia palpable en el planeta Tierra?

Los jerarcas religiosos se apresuraron a condenar más que nunca las artes mágicas y las brujerías. Los romanos, abanderados por Octavio Augusto, cerraron filas sobre el puritanismo y la asistencia a los templos. La desnudez de los griegos y su afición por consultar oráculos fueron prácticamente prohibidas, las antiguas religiones, más mágicas que místicas, pasaron a ser poco menos que supercherías. Los egipcios, tan aficionados al politeísmo más variopinto, fueron maniatados, y hasta sus aspectos religiosos más serios fueron proscritos y criticados por filósofos, sacerdotes y sabios. Sólo se salvaban algunas creencias orientales, especialmente aquellas que entroncaban de una o de otra manera con las creencias hebreas, semíticas, árabes y romanas. Los preceptos de Zaratustra, por su clara vinculación con el monoteísmo que divide al bien del mal, era aceptado. Las religiones de India y China, a pesar de sus laberínticas ideas, contemplaban un pantocrator más allá de todos los dioses, y en todas ellas había el mismo sentido apocalíptico del destino del hombre.

Y los ángeles, los lares, los elfos y hasta los cotidianos dioses griegos y romanos dejaron de estar presentes como algo sólido y palpable para el pueblo. La Edad de Oro estaba a punto de llegar, y los seres celestiales parecían patrimonio exclusivo de monarcas y sacerdotes.

Los ángeles, a pesar de su majestuosidad divina, no parecían tener más poder que los jerarcas terrestres, ya que, en lugar de alertar a la población, o de ponerse del lado de los hombres como en su día hizo Prometeo, guardaron silencio.

Los magos, ante el enfado de los jerarcas religiosos, ya habían dicho que los seres celestiales eran domesticables y fáciles de dominar y utilizar para los fines personales que el hombre dispusiera, y que por medio de una simple invocación, o de un ritual constreñidor, se podía hacer uso de ángeles y demonios sin el menor problema.

El alcance de lo que hizo Prometeo dando el fuego de la sabiduría a los hombres, iba más allá de la simple capacidad para asar la carne y para quitarse el frío. El fuego que sacó a los hombres de las tinieblas era, y sigue siendo, un grave inconveniente para las jerarquías. Por eso, desde el siglo II a. C., los sabios oficiales se apresuraron a ocultar toda clase de información que permitiera a los hombres comunes y corrientes saber el enorme poder mágico y religioso que tienen, tenían y siempre tendrán. Ocultar la información, desde entonces, ha sido un método efectivo para mantener al hombre alejado del fuego divino que puede sacarlo de la ignorancia y de las tinieblas.

¿Por qué han dejado los ángeles de comunicarse con los hombres comunes? Simplemente porque los hombres comunes han dejado de tener contacto con el fuego sagrado que en su día nos regalara Prometeo, un fuego que nos fue arrebatado cuando los sabios de toda la tierra creyeron en la llegada de la Edad Dorada, que abriría la puerta de la divinidad a los más preparados, o que les evitaría ser destruidos cuando empezar el apocalipsis final.

Pero la constelación de Piscis pasó a dominar el firmamento sin que nada especial ocurriera. Los dioses no bajaron a la Tierra para reconocer como sus iguales a los hombres poderosos, santos o sabios, ni la Tierra se destruyó entre las flamas del apocalipsis esperado.

El César no se convirtió en un ser divino y eterno, ni los carros de fuego de Shiva bajaron a salvar a los brahmanes, ni Osiris reunió sus huesos para presentarse a su pueblo, ni Jehová entregó el mundo a los judíos, ni el universo explotó en mil pedazos. Todo siguió exactamente igual. El sol volvió a salir por el horizonte y el pueblo llano se levantó a trabajar como todos los días. No pasó nada de nada, ningún dios bajó a depositar su simiente renovadora a la Tierra, ni ninguna orden celestial bajó a barrer a los hombres de la faz del planeta.

Es posible que Prometeo, a pesar de las águilas que le devoraban las entrañas, dejara escapar una sonrisa al ver que las jerarquías de uno y otro bando no habían podido influir sobre la marcha evolutiva de la humanidad de una manera tajante, obedeciendo a los viejos planes celestiales que se podían ver a simple vista en la marcha de las estrellas.

LOS CRISTIANOS

Después de la desilusión, para ser más exactos, unos sesenta años después de la decepción caótica o salvadora, entre las cloacas y catacumbas de Roma empezó a medrar una secta tan fanática como terrible, que adoraba a un dios sin rostro ni nombre y que practicaba los actos más reprobables de la época. Comían pájaros carpinteros y robaban los caballos de posta, abandonaban a sus hijos y a sus mujeres, se enfrentaban a sus padres y a sus amigos, no trabajaban ni engrandecían el imperio. Ni siquiera eran esclavos.

Por algún tiempo su locura movió la compasión de las autoridades romanas, hasta Nerón se llegó a preocupar por ellos. Séneca, hombre sabio de la época, sentía náuseas sólo de oír hablar de ellos. Eran los primeros cristianos, los prístinos, que en un principio ni siquiera creían en el Salvador que partió nuestro calendario en dos, sino en un Dios primordial, quien, al carecer de nombre y de imagen, no podía ser inscrito en los registros romanos como el resto de los dioses.

A pesar de todo, y contra todo pronóstico, aquella secta progresó, se ordenó y engrosó sus filas, entre otras cosas, porque en aquel entonces era la única secta que decía seguir manteniendo el contacto con los seres celestiales, con aquellos ángeles que llevaban casi doscientos años sin dar señales de vida.

Pero no bastaba el contacto con los ángeles, esos ángeles que decepcionaron a monarcas, sacerdotes y sabios, hacía falta una figura más importante, el mismo Niño Dorado que todos los primogénitos poderosos pretendieron ser, el esperado Mesías de los hebreos, el adorado Krishna de la India, el Buda esperado de los chinos, el mismo hijo del Dios más elevado en persona.

Saulo de Tarso (San Pablo) fue el principal promotor de la idea, y el primero en organizar a los execrables sectarios.

Saulo de Tarso (San Pablo), un rabino frustrado, se apoderó de la más rica tradición hebrea, incorporándola al naciente cristianismo (mosaico de fines del siglo XII, catedral de Monreale, Italia)

Claudio, como César de Roma, murió decepcionado por la inicuidad de la recientemente estrenada Edad de Oro. Nerón enloqueció sin llegar a comprender a aquellos sectarios que gritaban como mujeres desvalidas, cosa que jamás haría un verdadero romano, cuando eran llevados al circo. Y Calígula, por más que espoleó a sus astrólogos y consejeros, no pudo contactar con los dioses y convertirse en uno de ellos.

Los judíos de Roma estaban escandalizados por las blasfemias de los cristianos y, para colmo, Saulo de Tarso, un rabino frustrado, estaba dándoles argumentos para apoderarse de la más rica tradición hebrea.

Cuando murió Saulo de Tarso, los cristianos ya tenían un nombre y un rostro para su Dios, o para el hijo de su Dios: se llamaba Jesús, era el Hijo de Dios, y había nacido hombre, pastor y palestino, entre los excrementos de un establo. Los jerarcas religiosos estaban anonadados, algunos astrólogos empezaron a decir que lamentaban su error, que consistía en no haber contemplado la contraposición de los astros, y que era perfectamente (al menos astrológicamente) posible que el esperado Niño de Oro fuera todo lo contrario a un monarca, sin religión, sin cetro y sin oro, el más humilde entre los humildes.

A partir de ahí se confeccionaron los Evangelios en un orden estrictamente astrológico, y entre los cristianos empezaron a aparecer personas que no vivían en las cloacas ni escuchaban los mensajes divinos entre los osarios de las catacumbas. Romanos de pro, centuriones, maestros, religiosos, libertos, comerciantes y estudiosos empezaron a formar parte de la secta, que con el paso de los años y tras la organización de Saulo de Tarso había dejado de ser tan intransigente y fanática, y en el siglo II de nuestra Era ya conformaban prácticamente una religión que convivía con el sinfín de religiones, venidas de todas las partes del mundo, que existían en la cosmopolita capital del Imperio. Parecía que los ángeles estaban de su parte, y que obraban el milagro de darles un lugar en el mundo.

La élite romana no se dejó convencer fácilmente, ya que los cristianos, sobre todo en sus inicios, no eran más que la escoria de la escoria, los esclavos de los esclavos y los parias de los parias. La élite romana, tras la decepción de la Era Dorada, abandonó a los dioses romanos que no habían bajado a salvarlos y se entregó a las corrientes filosóficas y a los cultos mágicos antiguos. El epicureísmo, el pitagorismo y el estoicismo, con sus aspectos mágicos y filosóficos, acercaron a la élite romana a religiones tan mágicas y exóticas como las orientales. De esta manera, los que antes adoraban a Júpiter y a Dea Roma, pasaron a adorar a Mitra, Isis, Atis y Serapis, y, poco a poco, se fueron decantando más hacia la nueva y pujante religión cristiana.

La Era Dorada, más que salvación o apocalipsis, trajo el declive del Imperio Romano, y la religión cristiana, ya aposentada y reconocidos todos sus seguidores como romanos en el 212, gracias al césar Caracalla, empezó a nutrirse con una élite romana que ya no respetaba al emperador y que buscaba hacerse con una parcela de poder que contrarrestara la tiranía del ejército.

La fuerza del alma resultó tan poderosa, que en el siglo III d.C., cuando el cristianismo ya no era una secta de locos, empezaron las verdaderas persecuciones y represiones a esta forma de expresión religiosa. Diocleciano, en los edictos de Nicomedia, fue el César que más persiguió a los cristianos, pero poco pudo hacer, porque buena parte de su senado ya gozaba de cierto poder en el escalafón cristiano.

Los ángeles seguían de parte de los cristianos, y el paganismo oficial fue dando paso a la nueva forma de expresión religiosa. El cristianismo aún no era oficial, pero ya gozaba de una parroquia más extensa que el paganismo.

Todo poder dividido lleva inevitablemente a una confrontación entre las partes, y Roma no pudo evitar un sinnúmero de guerras civiles. Majencio, que apostaba por el antiguo sistema político y religioso, fue derrotado por Constantino, simpatizante del cristianismo, y en el 313, dictó el edicto de Milán oficializando el cristianismo, lo que provocó prácticamente la desaparición del paganismo.

La élite romana, que desde el siglo II d. C. apostó por el cristianismo, tenía tanto poder en los años 300 de nuestra era, que se dio el lujo de poner en jaque al ya debilitado poder imperial, y Juliano, todo un emperador de Roma, no pudo reinstaurar el paganismo. Esa misma élite romana, que llevaba casi doscientos años gobernando el Imperio desde la sombra, se erigió en el verdadero poder que cohesionaba el mundo conocido gracias a la religión cristiana, y la antigua tolerancia de cultos que observó el Imperio durante siglos, fue desapareciendo gradualmente desde Bizancio hasta Finisterre, pasado por el Norte de África y llegando casi a toda la Bretaña (la actual Inglaterra). Los cristianos dejaron de ser perseguidos por Diocleciano y pasaron a ser perseguidores de todos aquellos que no querían sumarse a la religión de moda. Sitios tradicionalmente hebreos y semíticos (actualmente mahometanos y judíos) eran, a pesar de sus pobladores y del mismo Imperio, cristianos.

De la Edad de Oro ya nadie se acordaba, y el famoso Cristo, aquel que había dado nombre a la pujante religión, ni siquiera contaba con el respaldo de sus jerarcas ni con una iconografía. El Dios único, el Dios sin rostro y sin nombre, con sus ángeles y arcángeles como mediadores, era el verdadero punto de culto para la élite romana. No había culto a la Virgen ni a Cristo entre la curia, pero el pueblo, las bases cristianas, las que respaldaban el poder con su fe y su creencia, quizá demasiado acostumbradas al paganismo a pesar de todo, se encargaron de empujar el paralelismo religioso hasta que el mítico Jesús y su madre ocuparon un lugar preponderante en la simbología de la jerarquía católica, que puesta a olvidar, se había olvidado hasta de sus propios orígenes, y en lugar de oficializarse bajo la denominación de religión cristiana, se bautizó a sí misma como Iglesia Católica Apostólica y Romana, consolidándose bajo los reinados de Constancio II y de Valente.

Pero fue Teodosio, en el 394, quien cedió finalmente al poder cristiano y ordenó cerrar los antiguos templos para siempre, declarándolos proscritos y paganos. Unos pocos años después, los hijos de Teodosio, Arcadio y Honorio, se dividieron el Imperio Romano y con ello a la Iglesia, dando lugar a sus dos vertientes principales, la Romana y la Ortodoxa.

Roma, según la leyenda, nació con Rómulo y Remo, y murió, como si su destino hubiera estado marcado desde el principio, en el 476, bajo el mandato de Augústulo Rómulo. Bizancio, la otra parte del Imperio, se mantuvo hasta el comienzo de la Edad Media. El Imperio Romano, militar y administrativamente, desapareció para siempre, pero, religiosamente, sigue siendo el imperio más poderoso de la Tierra y, a pesar de que en los últimos tiempos la devoción religiosa ha descendido entre los habitantes del planeta, su declive no se ve nada cerca.

La historia de la Iglesia Católica es todo un misterio, pero el cristianismo, que nació en las catacumbas romanas desconociendo al mismo Cristo, supo mantener la magia del contacto con los seres celestiales, el carisma preconizado por sus evangelios y la complicidad de una Era Dorada que nunca tuvo lugar físico en la Tierra, pero que sí impresionó profundamente las creencias de los hombres.

No hay duda de que la tradición hebrea ha sido un baluarte en la conformación y consolidación del cristianismo, ni de que los filósofos griegos y las ideas místicas del hinduismo y el budismo han puesto su grano de arena, pero es en su politeísmo soterrado, plagado de cristos, ángeles, arcángeles, vírgenes y santos, donde radica la verdadera aceptación popular que ha tenido en los últimos veinte siglos.

LAS ÓRDENES CELESTIALES

Cuando el hombre
no necesite más
la ayuda de los dioses,
entonces será Hombre.

Aunque una de las premisas del cristianismo primitivo, que supuestamente adoptó la Iglesia Católica, consiste en rendir culto a un Dios primordial, sin nombre ni rostro, todo rectitud y todo luz, la iconografía cristiana, nutrida de casi todas las creencias de todo el mundo, es una de las más ricas e interesantes.

Miles de santos, vírgenes, cristos, ángeles y arcángeles, pintados y esculturizados de una y mil maneras, hacen milagros y cumplen promesas a los millones de fieles, cristianos y no cristianos, católicos y no católicos, que se acercan hasta ellos con un mínimo de fe.

Los ángeles y los arcángeles, al igual que Dios, han perdido buena parte de su protagonismo milagrero por culpa de las vírgenes y los santos que pueblan el mundo, quizá porque estos últimos están más cercanos a las referencias culturales y a las necesidades inmediatas de la gente común y corriente.

Los grimorios mágicos, con sus complicadas fórmulas de invocación, tienen buena parte de esta culpa, ya que no toda la gente está dispuesta a realizar rituales extraños para poder conseguir los favores de los más altos representantes del cielo.

Para pedir un milagro a la Virgen del Rocío o al Cristo de los Gitanos, o incluso a San Roque, no hace falta más que rezar y pedirlo, sobre todo si el fiel acude a las procesiones en los que se rinde culto a estas efigies religiosas. Y si es tan sencillo sentirse protegido y ver cumplidos los milagros, para qué molestarse en aprender nombres raros y fórmulas disparatadas.

Hasta hace no muchos años, cuando la gente asistía más a misa y se preocupaba más de la religión que de la televisión, era habitual que las personas supieran quiénes eran los Serafines y los Querubines, mientras que hoy en día se piensa que Serafín es un nombre feo, y Querubín, una forma cursilona de denominar a un bebé hermoso.

Pero esto no es así, en realidad los Serafines y los Querubines son ángeles que pertenecen a la Tríada Superior, es decir, los ángeles que están más cerca de Dios, junto con los Ofanines o Tronos.

TRÍADA SUPERIOR
Serafines – Querubines – Tronos

A este nivel, estos seres angelicales se dedican a contemplar a Dios y a cantar para él letanías eternas que tienen como fin ir creando almas y mundos hasta el final de los tiempos.

TRÍADA INTERMEDIA
Dominaciones – Virtudes – Potestades

Estos ángeles se dedican principalmente a dar forma a las creaciones de sus predecesores, formando, personalizando y caracterizando las obras de Dios.

TRÍADA INFERIOR
Principados – Arcángeles – Ángeles

Su misión es la de preservar, cuidar y defender las obras de Dios, luchando contra los enemigos del Creador, como verdaderos guerreros celestiales si hace falta.

Desde el punto de vista material, es decir, desde nuestro punto de vista humano, la Jerarquía Celestial se invierte aparentemente en importancia. Esta polarización de posiciones ha confundido a cientos de autores a través de los años, ya que no comprenden cómo puede ser que un Serafín, que se dedica a tocar las trompetas celestiales para mayor gloria de Dios, también sean los primeros en contactar con los hombres.

Veamos cómo se invierte este orden cuando los ángeles se relacionan con los seres humanos.

TRÍADA SUPERIOR
Principados – Arcángeles – Ángeles

Los Principados

Además de ser los que se encargan de hacer llegar los mensajes de los hombres a Dios, y de defender al Señor de los ataques de sus enemigos, son ángeles guías en otras dimensiones y en otros mundos. Por ejemplo, los Principados ayudan a los que mueren en su camino hacia la luz, cuidan las puertas de acceso hacia el más allá y velan por las personas que hacen viajes astrales.

Se les encuentra en los sueños, en las meditaciones, en los rezos, en la oración y en cualquier trance místico o religioso, incluso se hacen presentes en las crisis a las que puede verse sometido el hombre.

No es nada raro, por tanto, que en los momentos más difíciles de la vida, o cuando se está a punto de morir, o cuando se franquean las puertas que delimitan nuestra realidad, que nos encontremos con este tipo de ángeles.

El famoso Guardián Azul, el que cuida la Puerta del más allá, es un Principado.

Los Arcángeles

Se encargan de cumplir las órdenes de Dios y suelen llevar los mensajes de Dios hasta los oídos de los hombres.

Los arcángeles, además, son guerreros que pueden ser crueles devastadores, de la misma manera que pueden convertirse en grandes salvadores.

- *Uriel:* Es el más poderoso de los arcángeles, entre otras cosas, porque es un ángel redimido, un ángel que conoció el infierno y la ira de Dios en los primeros tiempos, cuando Lucifer protagonizó la revuelta.

A pesar de su furor en la batalla, Uriel es la puerta, o la bisagra que abre la posibilidad de acercarse a Dios, a los Principados y a los otros Arcángeles. Por eso, en muchos Grimorios se utiliza su nombre para invocar y dominar a otros ángeles o demonios.

Cuando veamos la relación entre los signos astrológicos y los ángeles, descubriremos el resto de sus posibilidades mágicas, de sus capacidades para ayudar al hombre.

- *Miguel:* En los textos bíblicos se le confunde fácilmente con Jehová, ya que su nombre en hebreo significa «él como Dios», cosa que sucede con otras entidades celestiales, ya que el sufijo «el» significa luz, y por ende es una clara referencia a Dios.

Semántica aparte, Miguel, el de la espada de fuego, es un valiente y feroz guerrero que cumple las órdenes difíciles del Creador, pero a la vez es un ángel misericordioso que se preocupa por el bienestar de los hombres y por su ascenso a la divinidad. Miguel ayuda a todo aquel que se ayuda a sí mismo, y, por supuesto, también se encarga de llevar los mensajes de Dios a los hombres que se encargarán de decidir tal o cual situación que afecte a un cierto número de personas.

• *Gabriel:* O gobernador de luz, se encarga de transmitir los mensajes místicos de Dios a los profetas. Gabriel fue quien inspiró a Mahoma para que escribiera el Corán, quien avisó a la Virgen la misión que le correspondía en la vida y quien comunica el deseo de Dios a todos aquellos que tienen una responsabilidad religiosa en el mundo.

Pero no sólo inspira asuntos místicos, porque Gabriel también es el ángel del conocimiento, es decir, que no es raro que inspire a los hombres en otros ramos del conocimiento humano.

Gabriel es buen gobernador del mundo intelectual, y sólo en casos especiales se apresta a la batalla. Ama a los hombres porque los considera sus hijos, pero no le tiembla la mano en el momento de castigar una transgresión.

Gabriel, además de ser un ángel oculto, o un arcángel, también hace funciones de Serafín, es decir, toma parte en la creación de las obras del Todopoderoso.

• *Rafael:* Así como Miguel infunde valor a los hombres, Gabriel les da conocimiento y Uriel los preserva de los demonios, Rafael se dedica a curar y a sanar el alma y el cuerpo de los humanos.

Rafael, además, es un hábil y rápido mensajero que ayuda a la comunicación, la difusión y el arte. También inspira a médicos y curanderos, y es uno de los principales inspiradores en el campo de la investigación, sobre todo si ésta se dedica al bien de la humanidad.

No tiene ni la fuerza ni el poder de sus hermanos, pero su rapidez y su capacidad de adaptación le convierten en un útil y hábil guerrero.

Ángeles

Aunque solamos llamar genéricamente «ángeles» a todos los seres celestiales de la tradición judeocristiana, existe una hueste celestial que recibe la denominación específica de Ángeles bien diferenciada del resto. Los Ángeles son guerreros celestiales, miríadas de soldados que se agrupan en torno a los líderes, arcángeles y demás jerarcas divinas cuando son llamados a la batalla. Para los seres humanos esta orden celestial sería algo parecido a las hadas, pero raras veces se tiene contacto directo entre ambas partes, entre otras cosas, porque los Ángeles no son demasiado comunicativos ni ostentan un buen carácter. A pesar de su talla, los Ángeles son feroces y no suelen hacer migas con los seres inferiores. Generalmente van en grupo, y en un grupo bastante tupido. No es raro, por ejemplo, que diez mil Ángeles vayan juntos a todas partes, y ésta es otra de las razones que impide una relación fluida con los seres humanos.

De cualquier manera, éstos pequeños soldados celestiales lucharían a muerte por nuestras almas si las vieran en verdadero peligro, de la misma manera que luchan muerte con los enemigos de la jerarquía celestial.

Los Ofanines son los guardianes del Zodíaco, los guardianes de las estrellas (talla del siglo X)

TRÍADA INTERMEDIA
Dominaciones – Virtudes – Potestades

Dominaciones

Son mensajeros de los mensajeros de los dioses. Tzadkiel, por ejemplo, pertenece a las Dominaciones y se encarga de velar por la buena marcha de la religión, intentando influir en los hombres las ideas rectas y provechosas, para que la palabra de Dios se expanda por todo el universo.

A pesar de su nombre y de sus buenas intenciones, las Dominaciones no dominan a los hombres, sólo les señalan el camino. Es decir, no son responsables de lo bien o de lo mal que hagamos las cosas.

Intentan guiar, además, a todos aquellos que tienen un puesto de responsabilidad, y siempre están dispuestos a dar un buen consejo. Desgraciadamente el hombre, por su condición física y materialista, está más cerca de los demonios, o de los elementales, que de los ángeles, y más a menudo de lo deseable sigue los consejos de éstos últimos, a pesar de saber que el buen consejo proviene de los ángeles.

Por supuesto, los buenos consejos de las Dominaciones no siempre son fáciles de seguir, ya que hacer las cosas bien a veces cuesta más trabajo que hacerlas mal, o al menos eso es lo que nos parece a los hombres.

De cualquier manera, quien desee un buen consejo siempre puede recurrir a esa parte de la conciencia donde se pasean las Dominaciones.

Virtudes

Son ángeles muy energéticos y vitales, que nos inclinan a

las cosas sanas y agradables de la vida. Algunos son como Cupido, ya que nos inclinan al amor y a la procreación, pero no de la misma manera que los elementales, que nos inclinan al placer sin más sentido que satisfacer nuestro ego.

La alegría, la expansión y la solidaridad bien entendida son aspectos que nos comunican las Virtudes, o en otras palabras, nos ayudan a disfrutar de la vida sin necesidad de caer en la ordinariez ni el pecado.

Interceden a favor nuestro con el arcángel Miguel, ya que en ciertas ocasiones forma parte de esta Orden Celestial, y prácticamente no hace falta invocarlas, ya que hacen todo lo posible para estar cerca de los seres humanos.

Su ausencia estaba ligada en la antigüedad con la languidez, la pereza, la nostalgia, el abandono y la tristeza, es decir, que perfectamente las podríamos vincular con las depresiones de hoy en día.

Potestades

Las Potestades son los pequeños guerreros celestiales, los que dan ánimo a la lucha diaria, al esfuerzo y a la voluntad. También son activos guerreros contra los demonios y los elementales, sobre todo en aquello que concierne en el esfuerzo y el trabajo cotidiano.

Los pequeños detalles de la vida están adscritos a las Potestades, de la misma manera que los pequeños triunfos y todo aquello que por sí solo parece poco, pero que sumado conforma una buena y sustancial causa.

Las Potestades mismas, cuando se unen para combatir a las fuerzas del mal, abanderadas por Uriel, son verdaderas Huestes Celestiales, ejércitos potentes y estrategas consumados, a pesar de su aparente fragilidad cuando están solas.

TRÍADA INFERIOR
Serafines – Querubines – Ofanines

Serafines

Son ángeles cercanos a los hombres, y se encargan de dar impulso a nuestras decisiones, nos avisan de lo que está pasando en otro lugar y despiertan nuestra intuición con señales de alerta.

Muchas de las actividades deportivas, de las iniciativas humanitarias y de las actividades empresariales están dominadas por los Serafines sin que nosotros, los orgullosos humanos, nos demos cuenta. Por supuesto que la última palabra la tenemos nosotros, y que en nadie más recae la responsabilidad de nuestro albedrío, pero sin el impulso y la creatividad que nos regalan los Serafines sin pedirnos nada a cambio, posiblemente no haríamos ni la mitad de las cosas que hacemos.

También son ángeles protectores, porque se siente muy vinculados a nuestra creación y en muchas ocasiones se sienten responsables de nosotros, pero necesitan de nuestro impulso propio para atender nuestras peticiones. Muchos de los santos a lo que rezamos en busca de ayuda, no son otra cosa que Serafines o aspirantes a Serafines.

Querubines

Los Querubines son ángeles guardianes, seres celestiales que nos cuidan incluso cuando no lo pedimos.

Es más, en cierta forma todos y cada uno de nosotros es un Querubín en potencia, ya que la parte divina del ser humano está enfocada directamente a esta Orden Celestial.

Los Querubines son como un padre o una madre para nosotros. También nos ven como a una mascota querida, como a un animal entrañable al que están dispuestos a ayudar en todo, animándonos día a día a que evolucionemos física, mental y espiritualmente, ya que en cierta forma son los responsables de nuestro crecimiento personal, aunque, por supuesto y a pesar del amor que nos tienen, no pueden hacerlo todo por nosotros. El Arcángel Gabriel forma parte de los Querubines, y en este sentido siempre está dispuesto a ayudarnos a lograr nuestros rectos objetivos en este mundo.

No importa lo que hagamos ni cómo nos portemos, porque siempre tendremos a un Querubín a nuestro lado dispuesto a echarnos una mano en cuanto se lo pidamos y a pesar de todos los pecados y males que hayamos hecho.

Ofanines

Los Ofanines, más que cuidar a los seres humanos, se encargan de vigilar la marcha de las estrellas y de la influencia que ejercen éstas sobre nosotros. Los Ofanines nos comunican los mensajes de los dioses a través de las señales que vemos en el cielo, pero también desarrollan directamente, y dentro nuestro, la intuición necesaria para que aprendamos a interpretar las señales que ellos mismos nos mandan.

Puede parecer tonto lo que hacen, pero es una manera de enseñarnos a «hablar», a entender un lenguaje, de la misma manera que nosotros enseñamos a los niños, porque de la misma manera que el hombre influye en el universo, el universo influye en el hombre, y no podría ser de otra forma, ya que ambos son parte de la creación y conforman una continuidad. Los Ofanines son los responsables de mantener esta continuidad, ya que en nuestro camino hacia la luz divina tenemos que recorrer el universo entero, cosa que puede ser tan complicada como sencilla, porque al fin y al cabo todo el universo está dentro de nosotros, de la misma manera que nosotros estamos inmersos en el universo.

Los Ofanines, por tanto, nos están enviando constantemente toda clase de señales, y pueden desvelarnos parte de nuestro futuro, entre otras cosas porque en las distancias del universo nuestro tiempo terrenal prácticamente no existe. Esta relatividad del tiempo cuando algo alcanza la velocidad de la luz, descubierta por Albert Einstein, ya era contemplada por los antiguos indios y por hebreos. Sí, el tiempo de nuestra vida y los hechos que hacemos en ella son relativos, y el futuro existe tanto como el pasado y el presente, mucho antes de que hayamos llegado a él. Por supuesto que el futuro es movible y puede variarse, de la misma manera que puede alterarse la historia de la humanidad, siempre que nos movamos con la suficiente rapidez, porque al final de todo siempre llegaremos exactamente al mismo punto.

Por eso se dice que los Ofanines son los guardianes del Zodíaco, los guardianes de las estrellas.

METATRÓN, UN ARCÁNGEL MÁS ALLÁ DE LA JERARQUÍA

Este arcángel suele aparecer más en los libros de magia y brujería que en cualquier otra parte, entre otras cosas, porque es más una Puerta que un guardián o un protector. Es una Puerta entre los mundos y los submundos, tanto en sentido ascendente como en sentido descendente.

A menudo se le confunde con Jehová, ya que una de sus

Miguel, el de la espada de fuego, es un feroz guerrero que cumple las órdenes difíciles del Creador (grabado de Martin Schngauer, 1470)

características es ser el representante de Jehová ante los hombres; pero más que un Dios recto y puro, es un Demiurgo, es decir, un ser celestial tan bueno como malo, tan misericordioso como cruel, ya que representa tanto al Dios Primordial como a los Elementales, siendo el arcángel que da paso tanto al Cielo como al Infierno.

En otras palabras, Metatrón es el Dios que conciben los hombres, reflejo de las cualidades y los defectos humanos.

No es recomendable invocarlo por una simple razón: raras veces los seres humanos sabemos a qué aspecto de Metatrón estamos invocando, y es muy fácil que atraigamos al que representa a los Elementales, en lugar de atraer al que representa a Dios.

ELEMENTALES

No son ángeles ni demonios, aunque a veces pueden presentarse fingiendo serlo. No representan al bien ni al mal, a pesar de estar muy vinculados con las tentaciones y los pecados, ya que, entre otras cosas, representan las debilidades y los defectos humanos.

Los Elementales son seres del submundo, de una realidad o de una dimensión paralela que está justo debajo de nosotros, pero no tienen nada que ver con el infierno.

Por supuesto, están relacionados con nuestro temor a la muerte, con el sexo, la ambición, la envidia, los celos y la pereza, entre otras muchas cosas, de la misma manera que están, en cierto modo, vinculados con el signo del Escorpión, con la magia, la adivinación y la brujería.

Al igual que los Ofanines, son capaces de descubrirnos parte del futuro, generalmente las cosas malas, porque se mueven en una dimensión que no comparte nuestro sentido del orden y del tiempo. También pueden darnos señales, o avisarnos de una mala noticia por venir, o, incluso, de revelarnos el número que saldrá premiado en tal o cual lotería, pero no hay que hacerles demasiado caso, porque no son de fiar y pueden crear en nosotros una adicción que nos incline a la locura que se desarrolló en su mundo, una locura que para los Elementales es normal, pero que para nosotros puede ser fatídica.

El mal uso de las drogas, por ejemplo, puede dejar a nuestro cuerpo mental atrapado en el submundo de los Elementales, y muchas de las enfermedades mentales están relacionadas con este mundo.

Para el brujo o el mago experimentado, los Elementales pueden ser buenos sirvientes, pero la disparidad de criterios entre los Elementales y los humanos siempre tenderá a echar a perder el resultado obtenido con este tipo de colaboración, porque los elementales, aunque no sean esencialmente malos, son lo suficientemente diferentes a nosotros como para acercarnos más al infierno, o a la parte oscura de la divinidad, que a la luz o al mundo celestial.

LOS ÁNGELES CAÍDOS

No hace falta llamarlos ni tocarlos, y mucho menos invocarlos, ya que ellos siempre están lo más cerca posible a nosotros, y, aunque un mago experimentado podría dominarlos, porque al fin y al cabo no son más que sombras de los ángeles de luz, los seres humanos comunes y corrientes, como cualquiera de nosotros, somos lo suficientemente ingenuos como para que nos engañen los demonios.

Los ángeles caídos, en cierta forma, son muy parecidos a nosotros y padecen muchos de nuestros males, de la misma manera que tienen muchas de nuestras virtudes.

Al igual que nosotros, sufren y desesperan, y hasta se podría decir que tienen sentimientos y que en más de una ocasión han intentado volver al Reino de los Cielos, ya que ellos, que ya han estado junto a Dios, saben que una sola mirada del Todopoderoso es suficiente para redimirlos.

De hecho, la maldad de los demonios no va más allá de nuestra propia maldad, ya que, en cierto sentido, nosotros, los seres humanos, también somos ángeles que hemos caído de la gracia de Dios y estamos condenados a vivir en un valle de lágrimas y en un infierno conformado por las privaciones y males de este planeta, lo que no es poco, aunque tampoco estemos en el verdadero infierno donde desesperan Satanás y sus compañeros.

Por mal que estemos los humanos, no padecemos lo que padecen los demonios, ya que nosotros gozamos de albedrío, cuerpo y energía, algo de lo que carecen ellos. Y, así como nosotros necesitamos de los ángeles para ascender a la divinidad, los demonios necesitan de nuestra energía y voluntad para asomarse al submundo de los Elementales, que a veces les sirven de trampolín, junto a nosotros, para que puedan hacerse presentes en nuestro mundo, donde seguirán necesitando de nuestra energía para manifestarse o actuar.

La ira, el odio, el rencor y el temor, sobre todo este último, son sus principales alimentos, pero, en honor a la verdad, no siempre que logran llegar a nuestro mundo lo hacen para causar males y desgracias; a veces simplemente lo hacen para llamar la atención de Dios y ser redimidos en este mundo o en otro, y a veces lo logran, pero no es misión nuestra, sino de los arcángeles, y principalmente de Metatrón y Uriel, el ayudarlos a abandonar el infierno. Así que, por loable que nos parezca ayudar a un demonio, si queremos conservar, por lo menos, nuestro estatus en la Tierra y no descender al peldaño inferior, al mundo de los Elemen-

Los ángeles caídos son muy parecidos a nosotros: sufren, se desesperan y padecen muchos de nuestros males (grabado de Doré para *El Paraíso Perdido*, de Milton)

tales, lo mejor es que dejemos a los arcángeles hacer su trabajo y ocuparnos del nuestro, que es crecer personalmente para poder aspirar a la luz divina.

Algún día, si logramos deshacernos de los lazos que nos tiende esta vida, muchos de ellos tan sanos y agradables como el amor, podremos pasar al próximo mundo superior, el Mundo Intelectual y dejar atrás este Mundo Material, o Mundo de las Emociones, para intentar más tarde pasar del Mundo Intelectual al Mundo Espiritual, y después del Mundo Espiritual al Mundo Divino. Entonces nos convertiremos en verdaderos ángeles, y podremos regresar a este mundo imperfecto a ayudar a los que siguen en el camino, incluyendo a los animales, a los Elementales y hasta a los demonios, esos ángeles caídos que se parecen tanto a nosotros.

En un lejano futuro, y siguiendo el plan de la evolución de los seres, puede tocarnos ser los ángeles custodios de los perros, los monos, las ovejas, los caballos, o cualquier otro ser de este mundo o de cualquier otro punto del universo, de la misma manera que nuestros ángeles custodios se ocupan de nuestra evolución ahora.

Hay muchos otros nombres de ángeles, según los distintos magos de las diferentes épocas que se han preocupado por el fenómeno, y hay muchos otros nombres más en lo textos ocultos y sagrados de la antigüedad (algunos de ellos los veremos más adelante), pero no hacen falta muchos nombres ni muchas invocaciones para llegar hasta nuestros ángeles custodios, ya que ellos están más cerca de nosotros de lo que pensamos, y acuden a nuestra llamada sin necesidad de extraños rituales ni fórmulas complicadas.

En el próximo capítulo veremos lo fácil que es llegar a nuestro propio y particular ángel personal, nuestro ángel guardián de toda la vida, el que nos acompaña siempre, el que siempre está a nuestro lado.

ANIMALES CON ALMA

Durante mucho tiempo, quizá demasiado, los seres humanos hemos pensado que los animales no tenían alma.

Incluso, durante la Edad Media y otras épocas no tan lejanas, la Iglesia decía que las mujeres también carecían de la esencia divina necesaria como para poderlas considerar como personas.

Una de las razones por las que la Iglesia no acepta mujeres sacerdotes, es precisamente la idea errónea de que las mujeres no son seres humanos de verdad, sino simples apéndices (costillas) de los hombres.

Dios quiere al hombre, pero sólo al hombre, dicen, excluyendo de un plumazo a las mujeres, a los niños y, por supuesto, a los animales.

No han faltado, por supuesto, santos como San Antonio Calaçants, o como San Francisco de Asís, que reconocieron en su día el alma de los animales. Poco se ha hecho en favor de la mujer, pero, por lo menos, la Iglesia Anglicana ha reconocido, por fin, que las mujeres también son personas, tienen alma y pueden ser ordenadas sacerdotes.

El mismo hombre, para no ir más lejos, no es otra cosa que un animal aparentemente racional, y, más aparentemente aún, rey de la creación. Y, si los animales no tienen alma, el hombre tampoco la tiene.

La Iglesia, además, siempre ha considerado que los homosexuales, quizá por su condición femenina, tampoco son personas ni tienen alma, y de las lesbianas, a pesar de su fuerte componente masculino, en algunos casos, tienen una concepción aún peor.

Lo curioso del caso, es que si en un lugar hay más homosexuales por metro cuadrado es precisamente en el seno de la Iglesia. El cura homosexual, por mucho que niegue su inclinación y por casto que se mantenga, no dejará de ser homosexual. Podrá dejar de ejercer, pero no dejará de ser, según la religión y la iglesia que ha abrazado, un ser sin alma, un animal que no podrá llegar nunca a la divinidad.

La Iglesia se ha abierto a la razas, incluso ha adoptado dioses ajenos y los ha convertido en santos católicos, o diosas autóctonas y las ha convertido en vírgenes, pero en la cuestión del sexo, sigue considerando a las mujeres, las lesbianas y a los homosexuales como seres sin alma.

En otras religiones no sucede lo mismo, Buda, por ejemplo, escogió a doce animales como sucesores de la línea evolutiva del hombre y los elevó al rango de signos del Zodíaco, junto con los ángeles Ofanines de la tradición hebrea.

En el hinduismo, con la teoría de la evolución y de la reencarnación aunadas, el ser, el alma, puede pasar de animal a persona y viceversa, sin perder por ello su esencia vital, la línea o samsara que puede llevarle algún día a deshacerse de los lazos de la vida y a existir entre los dioses. Es más, un hombre puede involucionar, teóricamente, hasta convertirse en polvo, piedra o simple filamento energético, como las algas azules o como los electrones, pero aún en ese estado seguiría teniendo alma. Bajo este prisma, todas y cada una de las cosas del universo, vivas o no, tienen alma, tienen esencia, son parte inequívoca de la divinidad.

Incluso los demonios y los Elementales tienen alma, los insectos y la flores, las bacterias y los hongos, los minerales y la luz, la oscuridad y la nada, porque todo está en el mismo lugar y en el mismo momento dentro de la creación del universo. En el universo todo existe, hasta la nada y el vacío existen. Y si todos y todo existen en el universo y todos y todo tienen una chispa de luz divina en su interior, cómo no iban a tener alma y a pertenecer a la cadena de la evolución animales tan entrañables como el caballo y el perro, o tan castigados y sufridos como la oveja y el cerdo.

Las mujeres, la lesbianas y los homosexuales tienen tanta alma y tanta, o más evolución que el más perfecto de los hombres eminentemente masculinos. Ni siquiera debería hacer falta escribirlo o decirlo, porque es tan obvio que se cae por su propio peso.

Los ángeles están con y entre nosotros; por estar, están hasta dentro de la Iglesia, con todos esos pobres seres reprimidos y mezquinos que intentan negar el alma en sus hermanos y hermanas.

De cualquier manera, y como la línea de la evolución no está ordenada conforme a nuestra lógica, es muy posible que antes de que algunos de nosotros seamos ángeles, otros seres lleguen antes a ocupar el lugar de los Querubines y las Potestades, sin importar la procedencia ni las características de los mismos.

En suma, no sólo no hay animales sin alma, sino que no hay cosa alguna en el universo que carezca de esencia divina.

EL ÁNGEL DE LA GUARDA
EL ÁNGEL PERSONAL

El hombre es una mezcla
de fiera terrible
y ángel resplandeciente.

Cada uno de nosotros tiene su propio ángel de la guarda, su propio ángel personal, y está más cerca de lo que pensamos. Nuestro ángel de la guarda nos habla, nos aconseja, nos cuida y nos sigue a todas partes.

Aunque quisiéramos, no podríamos deshacernos de él, y, por desgracia, muchas veces intentamos contactar con él sin el menor resultado. Está ahí, al alcance de la mano y con una misión específica: cuidar de nosotros, y sin embargo está lo suficientemente lejos de nuestra esfera racional como para que no lo veamos nunca.

Tampoco es obligatorio estar en contacto permanente con él, porque nuestra misión principal en esta vida es vivir, y no estar pensando en el más allá constantemente.

En otras palabras, se podría decir que es bueno que sepamos que está ahí, y hasta que podamos contactar con él de vez en cuando, en determinados momentos de nuestra existencia, pero no es recomendable obsesionarnos con su presencia, ya que sus funciones, a pesar del poder angelical del que disfruta, están delimitadas a nuestras propias capacidades como personas y no pueden solucionarnos todos los problemas que nos vayan saliendo al paso.

Todo lo relacionado con los temas ocultos es muy interesante y vale la pena estudiarlo alguna vez, pero no vale la pena aferrarse a estos, porque crean adicción, descentran nuestra lógica y hasta pueden apartarnos de nuestro camino y traernos más problemas que soluciones... como le sucedió a Alfonso.

«Alfonso era un pragmático empresario de publicidad que no creía en nada ni en nadie. No tenía muy buenos recuerdos de los curas de sus años de escuela, ni de los que, años más tarde, escucharon sus confesiones y le dieron más de un sermón los domingos por la mañana.

Cuando cumplió los 45 años de edad era un ateo consumado, al que no le interesaban los temas ocultos ni las cosas que no se pudieran ver con los ojos y tocar con las manos.

A menudo se burlaba de los amigos y familiares que se sentían atraídos por temas tan tontos como el tarot, la magia, la astrología, la ouija, los ovnis y cosas por el estilo. Con él no había manera de tratar dichos temas sin hacer el ridículo, así que poco a poco nadie le volvió a mencionar jamás ese tipo de cosas.

Con Alfonso sólo se podía hablar de trabajo, fútbol o política. En suma, que era un hombre común y corriente, dedicado a sus cosas y sin más problemas que salir adelante.

Todo iba bien, tenía salud, trabajo y familia, y ganaba lo suficiente para llevar una vida holgada.

Su vida transcurría sin más problemas que los partidos que ganaba o perdía su equipo favorito de fútbol. Precisamente, un domingo, al salir del estadio de fútbol, cogió su coche y se dirigió a encontrarse con su familia en la playa.

El día era claro y el tráfico no era demasiado intenso, y la carretera que iba a la playa estaba en mejor estado que el año pasado.

De pronto, Alfonso sintió una voz que le pareció femenina.

—Detén el coche —le dijo.

Y Alfonso, más por el susto de oír una voz extraña, que por obediencia, detuvo el coche.

—Ahora —volvió a oír la extraña voz— espera un minuto antes de seguir tu camino.

Alfonso sintió la voz con toda claridad, como si una persona le hablara directamente a la oreja derecha, pero en el automóvil no había nadie más que él y pensó que se estaba volviendo loco.

Pero no pudo seguir pensando en la extraña voz, porque al instante siguiente, a unos cuantos metros de él, un camión de gran tonelaje derrapaba ocupando toda la carretera.

El camión paró por fin, cerca de su coche. De haber seguido conduciendo unos segundos más, Alfonso se hubiera encontrado debajo del tráiler y seguramente habría muerto.

Al camionero no le había pasado nada y, una vez controlada la situación, puso el camión a un lado de la carretera y dejó el paso libre.

Alfonso, sin dar crédito a lo que había oído y a lo que había visto, se puso en marcha otra vez sin saber qué pensar, preguntándose por qué había oído lo que había oído y por qué había pasado lo que había pasado.

Cuando estaba a punto de llegar a la playa donde lo esperaba su familia, oyó por última vez aquella voz.

—Te amo, y tu destino no era morir hoy.

Alfonso volvió a detener el coche asustado, y buscó y rebuscó entre los asientos algún ingenio electrónico, o algo que le revelara que estaba siendo víctima de una broma, y que lo que había experimentado no era una cosa sobrenatural, una de esas cosas de que tanto se burlaba.

Hubiera callado su experiencia, no se lo hubiera contado a nadie, pero un día, un amigo de la familia que era bastante aficionado a las ciencias ocultas, le dijo:

—Te mandan saludos desde el cielo.

—¿Quién?

—Tu ángel guardián.

—¡De qué demonios me estás hablando!

—No te estoy hablando de demonios, te hablo de ángeles.

—¡Qué ángel!

—Pues de tu ángel de la guarda, el que te salvó de morir aplastado por un tráiler.

—¿Quién te ha contado todo eso?

—Ya te lo he dicho, tu ángel de la guarda.

—¡Estás loco!

—Puede ser, pero yo sólo he cumplido con el encargo: me dijo que te diera saludos, y ya te los he dado.

—Es una broma, ¿verdad?

—No, no es ninguna broma, pero no te preocupes, no volveré a hablar del asunto. Buenas tardes.

Alfonso se quedó de piedra, pero no cedió ante el amigo y siguió manteniendo una postura ajena al tema, pero, por lo menos, no se burló como en otras ocasiones del amigo creyente.

Esa misma noche, Alfonso le contó todo a su mujer, y a partir de entonces, aunque a espaldas de sus amigos, empezó a interesarse en el tema, y también comenzó a leer todo lo que caía en sus manos sobre temas ocultos.

Visitó a varios adivinos, brujas, magos y astrólogos sin encontrar la respuesta que buscaba. Todas las explicaciones que le daban del fenómeno eran poco menos que ridículas.

Alfonso sabía exactamente lo que le había pasado, y ninguna de las explicaciones esotéricas que le daban los brujos se correspondía con su experiencia. Visitó a un antiguo cura conocido, pero éste tampoco supo darle las respuestas que buscaba, simplemente lo conminó a volver a la Iglesia y a olvidarse de ese tipo de experiencias, porque todas esas cosas eran obra del demonio.

No, no podía ser obra del demonio haber salvado la vida de una forma tan providencial.

Alfonso no tuvo más remedio que recurrir al amigo aficionado a las ciencias ocultas, y en éste encontró respuestas que le parecieron más lógicas.

Su amigo le enseñó a meditar y a entrar en contacto con su ángel de la guarda; y Alfonso, deslumbrado por la experiencia, quiso ir más allá y sacarle todo el provecho posible a su ángel guardián.

—Los ángeles nos ayudan en cosas puntuales, pero no podemos utilizarlos en beneficio personal —le dijo su amigo.

—¿Por qué no? —le respondió Alfonso algo decepcionado.

—Porque son nuestros guardianes, pero no nuestros sirvientes.

Alfonso no quiso atenerse a razones y, con los conocimientos que le había enseñado su amigo, intentó dominar a su ángel personal sin el menor resultado, y se sintió decepcionado y engañado.

Poco tiempo después conoció a otro mago que le llenó la cabeza de extrañas teorías y que le sacó todo el dinero que pudo.

—¡Oh, Alfonso, tú eres un ser de luz! —le decía para adularlo.

—¿De verdad?

—Te lo juro, tú eres uno de los pilares en los que se sostiene el mundo.

—¿Y tú crees que podré dominar a mi ángel personal?

—¡Sin duda alguna! Pero te he de decir que no es un ángel, sino un extraterrestre, o, mejor dicho, una extraterrestre que está enamorada de ti.

Y como Alfonso recordaba la voz como una voz femenina, se dejó convencer por el mago oportunista y empezó a creer que una extraterrestre estaba enamorada de él.

El fútbol, la política, el trabajo y hasta la familia pasaron a segundo término, y el que había sido hasta entonces un empresario pragmático se convirtió en un pobre deslumbrado por las cosas del más allá.

Ya nada le estaba bien y veía a los demás seres humanos como escoria, como pobres mortales que no merecían vivir. En sus desvelos, creía contactar con su ángel personal, con aspecto de mujer extraterrestre, que estaba locamente enamorada de él; pero en realidad no contactaba con su ángel personal ni con una atractiva extraterrestres, sino con un Elemental que reflejaba una de las tentaciones y debilidades de Alfonso: creerse digno de la admiración y el deseo de todas las mujeres.

Su antiguo amigo intentó disuadirlo y volver a encarrilarlo en la realidad.

—Todo depende de ti, Alfonso, no hay ángel ni extraterrestre, eres tú mismo.

—Te equivocas, mi contacto es real como la vida misma y no soy yo.

—Pero tampoco es tu ángel guardián, sino un Elemental, un reflejo de tus más bajas pasiones.

—Eres un buen adivino, pero un pésimo observador. Lo que pasa es que tienes celos de mi amada extraterrestre. Yo he visto su nave y contacto con ella todas las veces que quiero, y, además, me ayuda con muchas otras cosas.

—Te estás engañando...

—¡No! El que me engañó fuiste tú.

—¿Yo?

—Sí, tú, porque no fuiste sincero conmigo, me dijiste que era mi ángel guardián, y no es mi ángel guardián. Me dijiste que yo era un hombre común, y no lo soy, soy un ente de luz, uno de los pilares donde se sostiene el mundo. Yo soy poderoso, y tú no eres más que un aficionado.

—Piensa lo que quieras... Se me olvidaba, tu ángel guardián

me dijo que sobre de ti hay una nube negra, que espera que salgas con bien de todo esto.

—¡Y si es de verdad mi ángel de la guarda, por qué no me lo dice él directamente, por qué no me ayuda como la primera vez!

—Porque él no puede ayudarte siempre. Sigue a tu lado y te quiere, pero no puede interferir en tu albedrío.

—¡Paparruchas!

—En tu interior, ahí donde habita tu ángel de la guarda, sabes que te digo la verdad y que estás cometiendo muchos errores, pero esa es una batalla que has de librar tú solo. Adiós.

Los años fueron pasando y la vida de Alfonso, fuera de ganar en poder o en riqueza, se fue deteriorando lo mismo que su cuerpo. La soledad se fue apoderando de su entorno y hasta sus experiencias sobrenaturales dejaron de tener fuerza, para convertirse en un fraude que se hacía a sí mismo y a los demás. Más que experiencias sobrenaturales y contactos extraterrestres, lo que tenía era la cabeza llena de fantasías y mentiras, con las que autojustificaba sus errores y maldades.

Alfonso iba envejeciendo y encorvándose sin querer aceptar su decadencia, envileciéndose y envileciendo a los que se acercaban a él. A pesar de todo, se creía un mago poderoso, capaz de dominar ángeles, demonios y extraterrestres, de convertir el plomo en oro y sanar a los enfermos, cuando en realidad vivía pobremente y no curaba ni un resfriado, pero entre su orgullo y su mente fantasiosa, distorsionaba la realidad con toda clase de subterfugios.

Cierto día, cuando ya era un anciano torpe y vil, sucio y abandonado, que ya no podía negar la evidencia del desastre que había sido su vida, se sentó en el banco de un parque, frente a una hermosa casa, y empezó a recriminarse por todos los errores que había cometido, al tiempo que se arrepentía de todo el mal que había hecho. De la casa grande y hermosa salió una mujer que se parecía mucho a la esposa que había abandonado hacía mucho tiempo, y por un momento sintió como si conociera la casa de enfrente por dentro y por fuera, como si hubiera vivido en ella alguna vez. ¿Lo habría soñado? ¿Se estaba engañando de nuevo con sus fantasías de poder y de dinero? No, no era eso, simplemente tenía la extraña sensación de que ya había vivido ese momento, y que de alguna manera ya había vivido en esa casa, y no en el sucio piso en el que había vivido siempre. Entonces, justo en ese momento, volvió a escuchar la extraña voz que le salvara la vida treinta años atrás.

—Me alegro de que por fin te hayas dado cuenta de tus errores. Intenta vivir con dignidad lo que te queda de vida.

Esta vez no se asustó ni intentó buscar el origen de la voz, sabía que era su ángel de la guarda, quien, a pesar de todo, no lo había abandonado nunca.

—Lo intentaré, te juro que lo intentaré. Pero dime, ¿por qué tengo la sensación de que esa casa ha sido mía? ¿Y por qué he confundido a aquella mujer con mi antigua esposa?

—Ella *es* tu antigua esposa —le dijo la voz—, y la casa que tienes enfrente *es* el hogar que hubieras compartido con ella de no haberla abandonado. Tu destino era llegar hasta aquí, y por fin has llegado, aunque por un sendero más tortuoso y más largo. Ahora tienes que irte y seguir tu camino, hasta encontrarte con el próximo punto que tienes marcado en la vida, sin importar el sendero que tomes, mientras yo, sin que me sientas ni me oigas, te guío hasta allí.

Alfonso siguió su camino hasta el próximo punto de su destino, el final de sus días sobre la Tierra. Y ahí lo esperaba su ángel de la guarda, para que no tuviera miedo en su paso hacia la muerte.»

¿PARA QUÉ SIRVE UN ÁNGEL PERSONAL?

Por supuesto, nuestro ángel de la guarda no es ningún duende que esté obligado a cumplir nuestros caprichos, ya que como buen ángel, es decir, como mensajero de los dioses, su principal misión es cuidar de nosotros y mantener viva la llama divina que llevamos dentro.

Nuestro ángel personal es un guardián de nuestro destino, pero también es un ser independiente a nosotros. Lo mejor será enumerar, para que quede más claro, las funciones de un ángel personal.

- Preservar la llama divina que llevamos dentro.
- Proteger el desarrollo de nuestra infancia.
- Cuidar de nuestros pensamientos, aunque casi nunca puede intervenir en nuestros actos.
- Aconsejarnos en sueños, en estado de trance o de meditación.
- Puede mostrarnos parte de nuestro pasado, de nuestro presente y de nuestro futuro, para guiarnos o para darnos una señal, pero no para que nos aficionemos a la adivinación.
- Habla con voz propia, porque tiene pensamientos y vida propia.
- Puede hacerse visible ante nuestros ojos, aunque esto ocurre muy contadas veces. Generalmente lo podemos ver en la primera infancia, cuando somos sólo unos bebés, lo que pasa es que lo olvidamos con el tiempo, a medida que los pensamientos racionales se van apoderando de nuestro cerebro.
- Nos lleva hacia los cuatro puntos cardinales de nuestro destino, pero no nos marca el camino ni la manera en que lle-

garemos hasta estos puntos. Nuestro destino no está escrito detalladamente, como pensaban los calvinistas, pero sí pasa por cuatro puntos cardinales que pueden ser más o menos importantes desde nuestro punto de vista humano, aunque bajo el punto de vista divino sean de la máxima importancia.

- Nos empuja hacia el bien y a veces se convierte en nuestra conciencia, pero no puede evitar que hagamos mal las cosas.

- Intenta mantenernos alejados de los vicios y los pecados, pero no puede obligarnos a ser castos y puros, entre otras cosas, porque muchas de las cosas que en la Tierra consideramos pecados, no lo son en absoluto en el mundo celestial.

- Si lo sabemos llamar, acude a nuestro llamado y puede ayudarnos a salir adelante de tal o cual situación que no modifique el punto final de nuestro destino.

- No hace milagros para nosotros, pero puede interceder por nuestra causa ante otros santos o ángeles milagrosos, siempre y cuando, como ya hemos apuntado antes, los milagros solicitados no modifiquen el punto final de nuestro destino.

- Aleja de nosotros a los Elementales y a los demonios, pero no puede hacer nada si nosotros somos los que hemos invocado a los demonios y a los Elementales.

- Está presente en el momento de nuestro nacimiento y de nuestra muerte, para mostrarnos el camino hacia la vida terrestre o hacia la vida celestial.

- En cierta manera, nuestro ángel personal se separa de nosotros cuando nacemos, y se vuelve a fundir en nuestra esencia cuando dejamos este mundo material.

El ángel protector de los niños (grabado de Plockhorst)

¿CÓMO SE LLAMA AL ÁNGEL PERSONAL?

Las fórmulas pueden ser diversas, ya que muchas veces dependen de la orientación religiosa de la misma persona, es decir, que nuestro ángel personal responde a la imagen religiosa que podamos tener de él.

Existen toda clase de ritos y ceremonias para entrar en contacto con nuestro ángel personal, ya sean de índole mágico, religioso, brujeril o esotérico, porque de cualquier manera todos los ritos responden a una sola cosa y todas las palabras ocultistas quieren decir exactamente lo mismo.

La verdad es que no hace falta recurrir a una complicada ceremonia para entrar en contacto con nuestro ángel personal, aunque sí es recomendable llamarlo cuando estemos en un lugar tranquilo y apartado, un lugar donde podamos estar con nosotros mismos, aislados con nuestros pensamientos.

Tanto una iglesia como una habitación en la que nadie nos moleste, sirven para nuestro propósito.

Sobre todo para los creyentes, aunque pueden servir a los no creyentes, las iglesias y los lugares considerados santos o mágicos tienen el valor añadido de potenciar la devoción, gracias a la energía religiosa y mágica que se acumula en dichos lugares. Sin embargo, insisto, nuestra propia habitación y nuestra propia cama son lugares propicios para llamar a nuestro ángel personal.

- Relajarse y tranquilizarse.

- Cerrar los ojos, unir las manos y respirar profundamente, relajándonos cada vez más.

- Olvidarnos del mundo por un instante, intentando poner la mente en blanco.

- Centrar el pensamiento en una sola imagen: un círculo, una cruz, un triángulo, etcétera.

- Respirar hondo varias veces, hasta que el oxígeno pase fluidamente por nuestras vías respiratorias.

- Llamar mentalmente, utilizando nuestro propio nombre, a nuestro ángel de la guarda.

- Cuando se empieza a sentir escalofríos que recorren nuestra columna vertebral, cabeza o plexo solar, respirar profundamente e imaginar que nos encontramos dentro de una pirámide de cantos liláceos.

- Poco después, empezaremos a sentir que nos desprendemos del cuerpo, que todo gira o que nos hundimos. Entonces volveremos a llamar a nuestro ángel de la guarda, sin dejar de pensar que estamos dentro de la pirámide, hasta que aparezca en nuestro pensamiento la imagen de nuestro ángel personal.

- Una vez que logramos visualizarlo, podemos pedirle consejo o hacerle saber nuestros deseos o inquietudes. Entonces él nos hablará o nos enviará las señales requeridas.

- Cuando no haya más que pedirle, agradecerle o comunicarle, se le despide amablemente, como si fuera un amigo, hasta que desaparezca del interior de la pirámide.

- En cuanto desaparezca, se debe respirar hondo y empezar a volver a la realidad poco a poco, muy poco a poco, para que no suframos taquicardias, sensaciones de caídas ni espanto al salir del estado de vigilia que nos hemos impuesto.

- Abrir los ojos y separar las manos. Y el contacto con nuestro ángel personal habrá concluido.

SU APARIENCIA

Nuestro ángel de la guarda responde a nuestro propio nombre porque está muy ligado a nosotros, y a menudo sólo es una expresión de nuestro cuerpo mental o espiritual, sin que nada de esto le impida vivir su propia vida en la esfera celestial a la que pertenece.

Por supuesto, nuestro ángel de la guarda se parece mucho a nosotros mismos, aunque más perfeccionado, porque él es una prolongación espiritual nuestra como nosotros somos una prolongación física de él.

Generalmente nos habla con una voz que parece femenina, aunque en realidad no tenga sexo propiamente dicho, aunque en contadas ocasiones su voz puede parecernos masculina, o simplemente adolescente, suave y fina.

Lo demás depende de nuestra cultura religiosa, así que podemos imaginarlo de mil formas y bajo mil aspectos distintos, con alas o sin alas, más etéreo o más material, más agraciado o más fiero.

LA PIRÁMIDE

La pirámide no es más que un vehículo de protección, una forma de mantenernos protegidos en la siguiente dimensión, donde todas las cosas son nuevas y diferentes con respecto al mundo que conocemos, aunque en ocasiones nos parezcan las mismas.

También podemos elegir otras formas u otros vehículos de protección, como una esfera, un triángulo y hasta un cubo, pero siempre es recomendable que imaginemos estructuras cerradas, ya que nos dan un mayor sentido de seguridad.

Es importante mantener la calma, la seguridad y la claridad de ideas, y no dejar divagar nuestra mente, y en eso también nos ayuda el pensar en una imagen geométrica, ya que representa la lógica humana y la unidad de pensamiento.

El mundo al que nos dirigimos al entrar en contacto con nuestro ángel personal no es peligroso en sí mismo, pero entraña una serie de pequeños riesgos que pueden incidir en nuestro sentido de la realidad y engañarnos, tanto asustándonos como haciéndonos sentir más poderosos de lo que en realidad somos. La pirámide nos ayudará a mantenernos alejados de dichas tentaciones.

ARRIBA, ABAJO O GIROS

La sensación de elevarnos saliendo de nuestro cuerpo, de girar sobre nuestro propio eje o de hundirnos, tiene su propio significado.

Lo mejor es sentir que nos elevamos desprendiéndonos del cuerpo, ya que esto indica que nos dirigimos hacia el mundo superior siguiente de forma directa, sin problemas ni intromisiones.

Si sentimos que giramos, el nivel del contacto se realizará más a nivel terrestre que celestial, lo que puede implicar pequeños riesgos o fallos en el contacto.

Cuando sentimos que dejamos el cuerpo en forma descendente, en lugar de ascendente, el contacto tiende a establecerse en el mundo inferior, lo que entraña riesgos y fallos mayores.

En este caso, lo mejor es abandonar la concentración y volver a la realidad para intentar el contacto en otro momento. O bien, mantenerse firme y no abandonar para nada la pirámide ni aceptar contacto que no se realice dentro de ella.

Esta última recomendación es válida para todas las esferas, pero en el caso de descender es imprescindible.

¿CUÁLES SON LOS RIESGOS?

Los riesgos son, generalmente, de menor importancia y no van más allá de frustrar el contacto y de deteriorar nuestra fe.

En segundo lugar se encuentran los riesgos de taquicardias, sustos y mareos por la experiencia, sin ir más allá de sensaciones desagradables o de simple miedo a lo desconocido.

En tercer lugar, se encuentra la posibilidad de contactar con otros seres ajenos a nuestro ángel personal, principalmente con Elementales, espíritus bromistas, extraterrestres manipuladores, suplantadores de ángeles y hasta demonios de mayor o menor categoría.

Siempre he mantenido que el más allá no puede hacernos ni más ni menos daño del que nos podríamos hacer nosotros mismos en la vida real. Es decir, que quien tiene una enfermedad o debilidad mental, así como quien tiene una tendencia destructiva o autodestructiva, encontrará un disparador en las ciencias ocultas, de la misma manera que lo podría encontrar en un despecho o en una contrariedad de lo más común y corriente.

El mundo angelical, como todos los mundos ignotos para el hombre, se encuentra en las fronteras de la razón y de lo racional, por tanto, toda aquella persona que no esté más o menos centrada en la realidad cotidiana, puede perderse con facilidad en la esfera de los ángeles.

Incluso muchas personas que aparentemente están en sus cabales, cuando entran en contacto con los mundos arcanos pierden el rumbo. La mayoría lo recupera tarde o temprano, gracias, entre otras cosas a su ángel personal, pero algunos, aunque sean los menos, no se recuperan en esta vida.

Por supuesto, el fanatismo es el equivalente espiritual a la adicción a las drogas duras, y de entre todas las personas que se acercan a los mundos ocultos siempre hay alguien que cae en lo más bajo. Son los menos, pero como en la mayoría de los casos, su minoría no les impide hacer mucho ruido y hacerse notar exageradamente entre los demás.

¿ES NECESARIA LA EXPERIENCIA MÍSTICA?

No, no es necesaria. De hecho podemos hablar con nuestro ángel personal sin necesidad de entrar en trance. No lo escucharemos ni lo veremos. No recibiremos directamente la corroboración de su existencia. Pero eso no impedirá que nos escuche y nos ayude siempre que se lo solicitemos en nuestras oraciones, ya sea de viva voz o mentalmente.

Mucha gente se desespera porque es incapaz de sentir una experiencia mística, un viaje astral o cualquier otra sensación sobrenatural, pero no hay por qué desesperar, ya que tarde o temprano, de una o de otra manera, nos encontraremos con nuestro ángel de la guarda, aunque sólo en nuestro nacimiento y en nuestra muerte el contacto será pleno, y a veces sólo en nuestro nacimiento, pero no porque no esté con nosotros, sino porque nuestra mente tendrá demasiadas barreras para verlo.

Como muchos otros entes de los mundos paralelos, nuestro ángel de la guarda nos acaricia la cabeza y nos hace sentir un pequeño escalofrío en la coronilla, o en el lado derecho de la cabeza, o en un hombro, o en la espalda. Esa es su silente manera de decirnos que está ahí, con nosotros, desde el momento en que nacemos y hasta el momento de nuestra muerte.

Incluso dentro de otras experiencias místicas o sobrenaturales, nuestro ángel de la guarda no se manifiesta ante nosotros, simplemente nos cuida mientras las hacemos, pero no interfiere en nuestras prácticas. Sólo en casos muy puntuales, cuando la experiencia pone en peligro el desarrollo de nuestro destino, el ángel de la guarda interfiere y nos aleja del peligro.

LOS CUATRO PUNTOS DEL DESTINO

Para comprender las funciones de nuestro ángel de la guarda es necesario que sepamos que a lo largo de nuestra vida hay, por lo menos, cuatro puntos cardinales en nuestro destino.

No siempre son los mismos para todas las personas, porque cada caso es distinto. Y tampoco se puede decir, que a efectos vitales, dichos puntos cardinales tengan una especial relevancia.

Los puntos clásicos son:

1. *Nacimiento.*
2. *Pubertad.*
3. *Matrimonio* (o maternidad o paternidad).
4. *Muerte.*

Pero no siempre son los mismos, y a veces son cosas sin la mayor importancia (o al menos eso nos parece), como el llegar a una plaza con palmeras, el ver a una persona que creemos conocer de toda la vida, o escuchar una conversación que nos parece infinitamente repetida.

Nuestra vida puede transcurrir por mil caminos. Podemos llegar a ser ricos o ser siempre pobres. Podemos ser famosos o desconocidos, pero nada de eso impedirá que lleguemos a los cuatro puntos cardinales de nuestro destino.

Si en nuestro libro del destino estaba marcado que tendríamos un accidente el 17 de septiembre de 1992 a las diez de la noche, pues tendremos el accidente precisamente el 17 de septiembre de 1992 a las diez de la noche, aunque seamos ricos, pobres, listos, tontos, famosos o desconocidos. No importa la manera en que lleguemos al accidente, ni las vestimentas que llevemos o si nuestra cartera está llena vacía, lo que importa es que lleguemos a ese lugar en esa hora y que nuestro punto cardinal del destino se cumpla.

Por supuesto, no tiene que ser un accidente lo que ha de cumplirse, también puede ser una relación amorosa, un viaje, un premio, o cualquier otra cosa sin aparente trascendencia, como ver una película, conocer a una persona, comer un plato exótico o montar en bicicleta.

Nuestro destino sólo está marcado en cuatro puntos cardinales, cuatro puntos que no podremos evitar por más que intentemos escapar de ellos o por más que queramos adelantarlos. Alrededor de esos puntos gira nuestra vida, y esa vida puede ir en mil direcciones distintas, pero sin poder evitar tropezar con los cuatro puntos cardinales que nos tiene reservado nuestro ángel de la guarda.

Vayamos donde vayamos, nuestro ángel de la guarda va pegado a nosotros, siempre pendiente de que no eludamos ni adelantemos los puntos cardinales a los que tendremos que enfrentarnos.

¿QUÉ PUEDE HACER POR NOSOTROS NUESTRO ÁNGEL PERSONAL?

Además de guiarnos hasta los cuatro puntos cardinales de nuestro destino, para lo cual puede salvarnos la vida, darnos un premio millonario o acercarnos a tal o cual persona, nuestro ángel de la guarda nos protege del mal, impidiendo que (a menos que nosotros mismos los llamemos) los Elementales, demonios y seres por el estilo se acerquen a nosotros y nos manipulen o nos hagan daño, y nos incita al bien, dándonos señales, consejos, moral, virtud, pudor y un sexto sentido que nos permite intuir lo que nos amenaza, del mismo modo que nos enseña a distinguir entre el bien y el mal.

También es capaz de interceder por nosotros ante otros ángeles, santos, vírgenes y demás seres milagrosos, pero él mismo no puede hacer nada más que cuidarnos, entre otra cosas, porque está «obligado» a permanecer a nuestro lado desde el principio hasta el final.

Por suerte, o por desgracia, hay miles de ángeles y seres celestiales que pueden hacer muchas otra cosas por nosotros, y que inciden en nuestra vida en los diferentes caminos que tomemos, en esos senderos que, de una u otra manera, nos conducen a los cuatro puntos cardinales de nuestro destino.

EL CONTACTO SENCILLO

La forma más sencilla de contactar con nuestro ángel personal, y con el resto de los ángeles, es algo tan sencillo como la oración, como los rezos, como ese acomodo de conciencia, agradecimiento y deseo que hacemos todas las noches antes de quedarnos dormidos.

Con esta fórmula no tendremos experiencias místicas, religiosas ni sobrenaturales, ni veremos seres alados ni escucharemos voces angelicales, pero el contacto tendrá la misma efectividad que si lo hiciéramos viendo en persona a nuestro ángel personal o a cualquier otro ángel.

No todos los ángeles son iguales, ni todos tienen los mismos poderes, capacidades ni atributos, y cada uno de ellos opera sobre determinadas épocas y sobre asuntos específicos de la vida.

Y la manera más sencilla de hacer que nos oigan es simplemente rezar, como lo hacemos todas las noches, o como lo hacíamos cuando éramos niños. Simple y llanamente, rezar.

ÁNGELES OCASIONALES

En muchas películas, y en otras tantas leyendas antiguas, se habla de ángeles ocasionales, ángeles imperfectos o personas recién fallecidas que intentan ganarse las «alas» de ángel haciendo una buena obra para nosotros, o cumpliendo una misión, o haciendo algo que no pudieron hacer en vida.

No hay que confundir a estos ángeles con el ángel de la guarda, ya que, a diferencia de nuestro ángel personal, el ángel ocasional no nos conducirá a ningún punto cardinal ni tendrá la capacidad de protegernos, y su ayuda será única, específica y puntual, e incluso es posible que seamos nosotros los que tengamos que ayudarles a ellos.

Y, al igual que nuestro ángel personal, no es ningún duende que esté obligado a cumplir nuestros deseos, ni un adivino que sepa el número que saldrá premiado en la lotería, ni un visionario que sepa que nos va a pasar mañana. Así que no debemos pedirles nada, y tampoco debemos dejarnos manipular por ellos ni hacer nada extraño para ayudarlos, nada que vaya en contra de nuestros principios, de lo racional ni de lo que consideremos bueno.

Si ofrecen algo a cambio de nuestra ayuda, o si nos prometen cualquier cosa, hay que desconfiar inmediatamente de ellos, ya que ningún ángel ocasional tiene poder para transformar la realidad más allá de su simple aparición o manifestación. Los ángeles ocasionales no son duendes ni genios, ni deben intentar serlo.

Tampoco hay que confundir a nuestro ángel personal, ni a ningún otro ángel, con los seres míticos que habitan los seres de los mundos paralelos.

Para hablar de los seres de los mundos paralelos necesitaríamos de otro libro, y debatir sobre su existencia sería demasiado extenso.

Si nos topamos con un duende, un gnomo, una hada, un unicornio, un dragón, una arpía, un súcubo, un íncubo, un sátiro, o cualquier otro ser mítico reflejado cientos de veces en la literatura fantástica de todos los tiempos, no tendríamos problemas en distinguirlos, no los confundiríamos con un ángel.

Pero hay otros seres que sí se pueden confundir con un ángel, como los elfos (seres de luz), los fantasmas, los Elementales y los demonios. Satanás mismo, aunque no suele aparecérsele a cualquiera, puede parecernos el ángel más hermoso que jamás hayamos visto.[1]

Estos seres, aunque no están tan lejos de nosotros como se podría pensar, no suelen venir hasta nosotros si no los llamamos, y, a diferencia de los verdaderos ángeles, los seres del submundo sí nos prometen todo tipo de cosas, adivinan el futuro, atraen dinero y nos piden cosas a cambio de sus favores. Además, nos manipulan a su antojo y nos empujan a cometer toda clase de tropelías, tonterías y ridiculeces, nos toman el pelo, nos engañan constantemente y no cumplen con sus promesas. Pueden atraer muchos males hacia nosotros, pero no pueden modificar el rumbo del mundo ni de nuestro destino, ya que, a pesar de todo, no tienen la ener-

1 Veáse *Los fantasmas existen*, del Autor, en esta misma Colección.

gía física para hacer todas aquellas cosas que sólo podemos hacer los humanos.

Muchos de ellos ni siquiera son malos, simplemente son fríos, insensibles y tienen una lógica y un orden de valores muy distintos de los nuestros. Lo que a nosotros nos puede parecer bello y hermoso, a ellos les puede resultar asqueroso, y lo que a nosotros nos puede parecer recto y puro, a ellos les puede parecer ridículo, o sucio y putrefacto. Los elfos, por ejemplo, no son malos, pero no comparten ni nuestros sentimientos ni nuestra forma de ver la vida, entre otras cosas, porque ellos son eternos y nosotros somos mortales. Para ellos, si morimos o vivimos no tiene la menor importancia, mientras que para nosotros la muerte es un asunto muy serio.

Lo Elementales viven en un mundo fantástico y caótico que nada tiene que ver con nuestro mundo, por eso, aunque algunos magos los dominen, terminan haciendo cosas caóticas y desordenadas, y no por maldad, sino porque no entienden la existencia de otra manera.

Hasta los demonios, que básicamente tendrían que ser malos, en realidad sólo tienen un sentido invertido de las cosas, y a menudo no buscan hacer el mal por el mal, sino robar la luz divina que los seres de este mundo llevamos dentro, y ascender un peldaño en su eterna nostalgia por volver al Cielo. Las sombras necesitan de la luz para ser sombras, de la misma manera que la luz necesita de las sombras para ser luz. Sólo en las esferas celestiales la luz es continua, pero en nuestro nivel, y hasta en el nivel del infierno, las luces y las sombras se necesitan mutuamente para existir, para ser. En nuestros niveles no existen ni el bien ni el mal completo. Ni siquiera el peor de los demonios es cien por ciento malo, porque, al igual que nosotros, y a veces aun sin saberlo ellos mismos, los demonios siguen teniendo una esencia divina. Al fin y al cabo son creación directa de Dios, pero, como su escala de valores está invertida, a menudo confunden el bien con el mal y el mal con el bien, y hacen daño cuando quieren curar, o curan cuando quieren hacer daño.

Más que desear hacer el mal por el mal, los demonios simpatizan con los humanos rebeldes y malvados, y con las penas y las calamidades de la humanidad, porque en su escala de valores el dolor es alegría, y la alegría una ofensa que no pueden soportar. Y más que buscar a los humanos para hacer sus tropelías, buscan a ese ser de luz que es nuestro ángel de la guarda, con la intención de engañarlo y ocupar su lugar para poder llamar la atención de Dios, logrando, en el mejor de los casos, engañar a los humanos, con lo que terminan hundiéndose más en lugar de salir realmente del averno.

Reconocer a los Elementales es relativamente fácil, ya que su apariencia es bastante monstruosa o desastrosa, y sus voces son distorsionadas y torpes, siempre que sepan hablar.

Los Elementales más desarrollados pueden llegar a tener un rostro hermoso y una voz pasable, pero no pueden evitar tener pata de cabra, cuerpo de elefante o cualquier otra monstruosidad por el estilo. Muchos magos confunden a estos Elementales, no con los ángeles, sino con los demonios. Los demonios pueden transformarse en cualquier cosa, y parecer hermosos o terribles, pero los Elementales son incapaces de mejorar su apariencia, y la mayor parte de ellos tienen una grotesca apariencia simiesca, como si fueran monos o micos mal hechos, y no saben hablar, sólo gemir y emitir gritos guturales sin sentido.

Otra de las maneras de reconocer a un demonio es preguntándole su nombre, cosa a la que suelen responder sin mentir, porque están muy orgullosos de ellos mismos.

Los Elementales más desarrollados no pueden evitar tener pata de cabra, cuerpo de elefante o cualquier otra deformidad.
El dibujo representa un "Elemental de fuego", la Salamandra.

Satán o Satanás
Lucifer
Lucifogue
Belzebú
Moloch
Astarot
Asmodeus
Belfegor
Baal
Abraxas
Adramelek
Lilith
Nahema

Son algunos de los nombres más comunes, aunque hay miles, y a cada persona se presentan con diferentes apelativos, con la curiosidad de que les gusta presentarse con uno de los nombres que encubrían el nombre de Dios: Adonay, y lo añaden a su nombre, como si ellos fueran El Señor en persona.

También invierten el nombre de los ángeles y arcángeles que intentan suplantar:

Liezar por Raziel
Luegar por Ragüel
Leana por Anael
Leiras por Sariel
Leimer por Remiel
Leafar por Rafael
Lierbag por Gabriel
Leugim por Miguel
Leiru por Uriel

Como se hace en las misas satánicas, entre otras cosas, porque el sufijo «el» es un vocablo hebreo que quiere decir luz, y los demonios intentan ir contra corriente de la luz divina que persiguen.

Los nombres de todos los ángeles verdaderos terminan en «el», significando su procedencia de la luz divina.

ÁNGELES O EXTRATERRESTRES

No todas las señales
de los Cielos
son señales de Dios.

«Raúl caminaba por el bosque junto a sus amigos. Habían tomado varias cervezas y habían fumado algo de marihuana. Eran jóvenes y creían que nada les podría hacer daño. Querían probarlo todo, sentirlo todo, disfrutarlo todo.

Raúl empezó a sentirse demasiado mareado para seguir caminando y pidió a sus amigos que le dejaran descansar un rato, que ya los alcanzaría en el refugio.

Era verano, hacía calor y la luna llena iluminaba el sendero. No había amenaza de niebla ni alimañas que pudieran poner en peligro la vida de Raúl, así que lo dejaron descansar y continuaron su camino.

Raúl se tumbó sobre la hierba y se quedó mirando al cielo hasta que se sintió mejor.

De pronto, cuando iba a levantarse, vio en el cielo una estrella que empezaba a moverse.

"Una estrella fugaz", pensó, pero la estrella no cayó en picado, sino que siguió moviéndose.

"Un planeta", se dijo a sí mismo, pero el planeta empezó a recorrer todo el cielo pasando por enmedio de la luz lunar.

"Es un satélite", pensó para tranquilizarse, pero el satélite dio media vuelta y volvió a su lugar original.

"Una sonda, sí debe ser una sonda metereológica", pero la sonda ascendió a toda velocidad y después bajó en picado, frenando en seco hasta quedar relativamente cerca de Raúl.

No podía seguir negándolo, aquello era un ovni, una nave de otro mundo o algo similar.

Siempre le había gustado hablar de ovnis y cosas por el estilo, pero jamás había imaginado que vería uno de tan cerca. Sintió que un escalofrío le recorría toda la espalda y se quedó petrificado.

No le gustaba nada todo aquello, menos mal que no lo estaban viendo sus amigos, ante los cuales siempre se hacía el valiente, porque se burlarían de él.

Sentía que aquello lo observaba desde las alturas, pero no reunía fuerzas suficientes para salir corriendo. "Debo estar drogado, o borracho, o las dos cosas. Lo que estoy viendo no es más que una alucinación. Tengo que tranquilizarme y correr hasta el refugio."

Por fin, a fuerza de autoconvencimiento y voluntad, salió corriendo hacia el refugio, sin dejar de sentir que aquella cosa lo seguía con la vista.

—¿Qué te pasa?, tienes muy mala cara —oyó que le decía uno de sus compañeros—, estás pálido.

—Creo que me sentó mal todo lo que nos metimos dentro—pretextó.

—Puede ser, pero por aquí todos estamos más o menos igual que tú, y no es por lo que bebimos y fumamos.

—¿No? —fingió que no sabía de qué le hablaba.

—¿Es que tú no lo has visto?

—¿El qué?

—¡El ovni! ¡Míralo, ahí aparece otra vez!

Aquel objeto parecía acercarse al refugio lentamente, y a medida que se acercaba iba creciendo, y era muy grande, aunque no llegaba a ser gigantesco.

Nadie podía moverse en el refugio, todos los muchachos estaban paralizados viendo acercarse aquello. Raúl había leído mucho sobre el tema y había oído miles de historias, pero nada de lo que había leído o escuchado se parecía a aquello.

No era una nave con forma de plato, ni un puro metálico, ni un aparato sólido, sino una especie de esfera luminosa transparente, que dejaba ver en su interior a un par de seres. No llevaba luces, porque la esfera era toda luz, ni se adivinaban controles mecánicos en su interior. Aquello no hacía ruido ni hacía moverse al viento, era como si estuviera y no estuviera ahí.

El ovni se posó en tierra y de la esfera luminosa bajaron aquellos seres, igual de luminosos y transparentes que la nave. Se acercaron a los inmóviles, y, sin abrir la boca, les dijeron.

—Somos Sananda y Sarkanda, o Cristo y el Arcángel Gabriel, venimos a profetizaros una nueva era de amor y luz.

Ninguno de los muchachos contestó, ni con el pensamiento.

—Antes de la era de luz y amor —dijeron los extraterrestres—, tenemos que destruir todo lo que ha hecho el hombre, porque sólo ha hecho mal.

Los muchachos cayeron de rodillas.

—Advertir al mundo que el próximo 21 de marzo arrojaremos el fuego divino sobre la Tierra. Morirán la mayoría, pero se salvarán aquellos que crean en nuestro mensaje y sigan nuestras indicaciones.

Las mentes de los muchachos reaccionaron y empezaron a pensar "¿qué indicaciones, cómo nos salvaremos?"

—Nos iremos comunicando mentalmente con vosotros, no desesperéis.

"¿El 21 de marzo de este año?", preguntó mentalmente Raúl.

—Sí, de este mismo año, exactamente el día de tu cumpleaños.

"¿Por qué ese día?", Raúl no podía contener su emoción.

—Porque tú eres uno de los elegidos.

"¿Por qué yo", pensó Raúl con lágrimas en los ojos.

—Por la misma razón que es marcada el ave que, causalmente, cae en la red de los investigadores.

"¿Sólo por casualidad?", el muchacho no podía más.

—No por casualidad, hijo mío, sino por causalidad.

Raúl perdió el conocimiento mientras los seres celestiales volvían a su esfera luminosa, subían en ella y se elevaban a toda velocidad hasta perderse en el firmamento.

Todos estaban tan impresionados, que no se atrevían a hablar de ello. Simplemente cogieron a Raúl, lo metieron en el refugio y lo taparon con una manta, sin atreverse a despertarlo.

Al otro día todos se sentían extrañamente felices, y pasaron el día jugando y corriendo como unos niños. Faltaban nueve meses para el fin del mundo, pero ellos eran los elegidos y no les pasaría nada.

En cuanto volvieron a casa empezaron a difundir el mensaje de los seres celestiales, ante la burla y la indiferencia de la mayoría de la gente.

—Estabais drogados —les decían.

—Fue una alucinación colectiva —intentaban convencerlos.

—Estáis como unas cabras locas —era la opinión general.

A medida que pasaba el tiempo, la profecía se convirtió en una losa difícil de llevar a cuestas.

Raúl invirtió todo su tiempo y todo su dinero en escribir una especie de libro donde apuntaba todos los mensajes telepáticos que recibía de los seres celestiales, y después empezó a distribuirlo en todos los círculos esotéricos y simpatizantes de los ovnis que encontró.

Sus compañeros de experiencia le ayudaban como podían, intentando obtener la salvación prometida con su obediencia, aunque a menudo desfallecían en el intento y se apartaban de Raúl, conviniendo con los demás que todo aquello sólo eran locuras producto de la cerveza y la droga; pero al poco tiempo, tras una que otra pesadilla con ovnis y ángeles, volvían al redil jurando que el fin del mundo estaba cerca.

Poco a poco fueron reuniendo más y más simpatizantes, unos creyentes de los ángeles y otros de los extraterrestres, y otros más que pensaban que ángeles y extraterrestres eran la misma cosa.

Raúl, que ya había leído mucho sobre el tema, empezó a leer más y más libros acerca de ángeles y extraterrestres, y cada vez se convencía más y más de la experiencia.

Algunos de sus seguidores, menos convencidos o más pragmáticos, aprovecharon el deslumbramiento de Raúl y de otros fieles para hacer un buen negocio.

Los meses, que al principio parecían pasar con lentitud, empezaron a correr apresuradamente.

A medida que la fecha fatídica se iba acercando, los mensajes telepáticos y oníricos que recibía Raúl iban en aumento.

—¡Bajará el Ángel Exterminador! —gritaba— ¡Bajarán los Ángeles Gemelos de la Cólera y la Peste! ¡Bajará el Ángel de la Muerte! ¡Las trompetas de Jericó sonarán y no habrá sino llanto y crujir de dientes! ¡Se acerca el día, ya está aquí!

¡La naves de los Ángeles bajarán, y quien no crea en Sananda y rece todo el día del Juicio Final hasta que descienda de su nave el Maestro, morirá y no será salvo en la nueva era de luz y amor!

Buena parte de su seguidores habían dejado a sus familias y rematado todo lo que tenían, regalando su dinero. Otros, creyendo que para recibir a Sananda y Sarkanda no era necesario el cuerpo físico, se suicidaron, pensando que la muerte prometida no era la muerte del cuerpo, sino la muerte del espíritu.

El 21 de marzo se reunieron todos los fieles en el refugio de la montaña donde había tenido lugar el primer contacto, a rezar y a esperar que el Apocalipsis se cumpliera.

Pasaron las horas de la mañana y de la tarde sin que pasara nada. Raúl creía que en ese momento, en el resto del mundo, no había sino llanto y crujir de dientes, que todos, a excepción del grupo, estaban siendo masacrados por lo ángeles, y que si ellos no veían ni oían nada, era porque Sananda los protegía desde el cielo y los mantenía en una especie de cúpula para que no llegara hasta ellos ni el humo, ni el llanto, ni el olor de muerte, ni el fuego.

Llegaron las horas de la noche y los creyentes seguían rezando junto a Raúl, mirando hacia el cielo en espera de una señal, del movimiento de una estrella, de la aparición de una escuadra de naves. Pero no pasaba absolutamente nada.

Raúl seguía creyendo que el mundo seguía cayendo bajo la espada de fuego del Arcángel Miguel, mientras que ellos, los elegidos, estaban tan tranquilos, seguros y preservados de todo mal.

Y siguieron rezando y esperando las naves hasta que el sueño y el cansancio por el ayuno y los rezos los fueron venciendo uno a uno.

Raúl fue el último en caer, y se durmió tranquilo, seguro de que a la salida del sol aparecería Sananda para entregarle el poder del nuevo mundo, del nuevo orden, de la nueva era de luz y amor.

La primavera llegó en todo su esplendor, y el 22 de marzo amaneció entre cantos de pájaros y olor de flores y hierba. Raúl despertó con una sonrisa en los labios y llamó a todos su seguidores.

—Sananda está por llegar —les dijo—, ya oigo los cánticos de los ángeles, ya vienen.

Todos se reunieron frente al refugio y volvieron a ponerse de rodillas para seguir rezando, porque, efectivamente, a lo lejos se escuchaban unos cantos celestiales.

Los fieles sentían un gozo indescriptible en sus almas, la tierra temblaba bajo sus rodillas, alguien venía pisando fuerte por el sendero que llevaba al refugio. Eran los ángeles, tenían que ser los ángeles. Las lágrimas de felicidad empezaron a saltar de todos los ojos, los cánticos se escuchaban cada vez más cerca, a unos cuantos pasos, tras la loma y entre los abetos.

Raúl entró en una especie de trance de alegría y se despojó de sus ropas y se puso a bailar frente al sendero para recibir a su Maestro, a su Señor y a toda la Corte Celestial.

Unas banderas de vivos colores asomaron por el sendero, mientras los cánticos se empezaban a escuchar claramente.

La canción le traía viejos recuerdos a Raúl, recuerdos de la infancia, y las lágrimas le salieron con más abundancia, cegándolo casi, mientras bailaba frente al sendero en el último segundo de espera de lo inevitable.

Sus fieles, unos llorando y otros gritando, parecían un grupo de histéricos, más dispuestos a salir corriendo en todas direcciones, que a saludar a sus ángeles salvadores.

Unas risas y unos cuchicheos llamaron la atención de Raúl, que casi no veía al grupo abanderado que empezaba a tener enfrente. Su baile cesó, sus piernas se bloquearon y el espanto se apoderó de su cara. Sólo una vez antes había sentido una cosa parecida: la noche del contacto. Pero ahora era diferente.

Detrás de él, su grupo de seguidores se dispersaban corriendo por la montaña. Delante de él, un nutrido grupo de niños exploradores, acompañados por un par de curas y varios monitores, miraban entre divertidos y sorprendidos al muchacho que hasta un segundo antes había estado bailando y cantando frente a ellos completamente desnudo.

Raúl, por fin, reaccionó y comprendió todo, y, sin dejar de taparse sus desnudeces, dijo con una sonrisa tonta en la cara.

—Lo siento, pero es que ayer fue mi cumpleaños.»

La moraleja de la historia es la siguiente: *Todos los ángeles son extraterrestres, pero no todos los extraterrestres son ángeles.*

Los ángeles, por supuesto, no son de esta Tierra, son seres celestiales, seres de luz. Unos son feroces guerreros y otros son amables y diplomáticos, unos pueden traer plagas y enfermedades, y otros son sanadores fabulosos, pero ninguno de ellos necesita de una nave espacial, o de una nave dimensional, para llegar hasta nuestro mundo.

Pero no es de extrañar que la gente confunda a los ángeles con los chóferes de los ovnis; por toda la alegoría de alas y luces, de carros de fuego y truenos cegadores es fácil establecer una analogía con naves espaciales, rayos láser e ingenios tecnológicos que hagan volar a los ocupantes de las naves.

Por otra parte, es más que posible que los extraterrestres se hayan paseado por los cielos de la antigüedad, y que sus naves de fuego impresionaran el sentimiento religioso de egipcios, griegos, chinos, indios y mayas, y hasta que hayan sido tomados como seres divinos y adorados como dioses, pero eso no quiere decir que fueran realmente ángeles.

En una pintura mural del monasterio de Dechani, en Yugoslavia, muestra un "ángel" en un vehículo volador: no es de extrañar que la gente confunda a los ángeles con chóferes de ovnis.

Los ángeles son seres espirituales que no necesitan de naves, alas ni nada que se le parezca, ya que pueden ir de un mundo a otro sin más requerimiento que su voluntad o el mandato de Dios, y si bien algunos de ellos son terribles o tienen funciones que pueden parecernos crueles y dolorosas, ningún ángel es manipulador, profetizador de males ni hechos apocalípticos por iniciativa propia.

Los extraterrestres, que han visitado la Tierra desde el principio de lo tiempos, sí pueden ser bromistas, maquiavélicos, manipuladores y oportunistas, ya que para ellos podemos parecer poco menos que animales, cobayas con los que se puede experimentar.

Algunos extraterrestres actúan con nosotros de la misma manera en que los humanos se comportan con las ratas, los monos y demás animales de experimentación.

No podemos engañarnos, los seres humanos somos malvados y crueles con los animales. Los criamos para matarlos y comérnoslos. Les hacemos daño para experimentar con ellos. Abusamos de su ignorancia y de su candidez, sabedores de que no pueden rebelarse a nuestros designios.

A veces surgen personas que no están de acuerdo con el daño que hacemos a los animales, pero la mayoría de nosotros es insensible al mal que le podamos causar a un ave, un pez o una tortuga. Es posible que alguno de estos animales se sienta elegido cuando cae en nuestras manos, de la misma manera que el hombre se ha sentido elegido al caer en las manos de algún extraterrestre que ha venido a experimentar con los terrestres, cuando en realidad ha sido el simple azar el que ha dispuesto que la mariposa caiga en nuestra red, o que tal o cual persona sea contactada por algún extraterrestre sin escrúpulos.

Los extraterrestres, como seres de otros mundos, no ven las cosas desde nuestra misma perspectiva, y, por lo tanto, actúan sobre los humanos como los humanos actúan sobre los animales.

Algunos extraterrestres, como algunos humanos sensibles, pueden reprobar y no compartir la forma de actuar de sus compañeros, pero eso no impedirá que los experimentadores sigan usando humanos para realizar sus pruebas.

Los ángeles no necesitan impresionar a nadie cuando vienen a la Tierra, ni les hace falta experimentar con nosotros para ver cómo reaccionamos ante tal o cual medicamento, contra tal o cual orden. Los ángeles no insertan chips en nuestra mente, ni queman con su luz nuestra piel ni están observando nuestras reacciones físicas y psíquicas cuando los vemos.

Los ángeles no vienen a estudiar a la Tierra, porque la conocen desde sus inicios y siempre estuvieron en contacto con nosotros, aunque no los notemos y aunque nos olvidemos de ellos con frecuencia.

Los extraterrestres no son necesariamente malos, como nosotros no somos especialmente malvados por experimentar con monos: simplemente pertenecen a otro orden de pensamientos y de sentimientos, y tienen un esquema de valores donde los humanos no tenemos una especial importancia. Mientras que para los ángeles, como hermanos menores que somos de ellos, los humanos sí contamos y tenemos una importancia vital en la evolución espiritual de los seres.

Algo similar nos sucede con nuestras mascotas, esos animalitos que sumamos a nuestra familia y a nuestra vida diaria. Ellos llegan a creerse más humanos que perros, gatos o pericos, y desconocen a los de su misma especie por estar con nosotros. A los hombres, a lo largo de la historia, les ha sucedido lo mismo con los ángeles, y a menudo se han sentido más espíritu que carne, renegando de su condición humana en su intento de emular a los seres celestiales. Y lo mismo les ha pasado con algunos extraterrestres, muchos de los cuales han sido recogidos por las más diversas mitologías como verdaderos dioses, con la diferencia de que ser «mascota» de un ángel espiritualiza, mientras que ser «mascota» de un extraterrestre humilla y envilece.

Los seres humanos somos cada vez más orgullosos, pero eso no evita que muchos de nosotros estemos dispuestos a entregarnos a cualquier dios falso, a cualquier extraterrestre camuflado de ángel y hasta a cualquier demonio que nos ofrezca el oro y la gloria a cambio de nuestro sometimiento. El hombre es fanático por naturaleza, y eso lo lleva a creer fervorosamente en cualquier cosa que rebase más o menos su naturaleza. Hasta un equipo de fútbol o un líder político carismático son suficientes para que ciertos seres humanos caigan de rodillas y pierdan la cabeza.

Esta es otra de las grandes diferencias que hay entre los ángeles y los extraterrestres, ya que mientras a los extraterrestres les gusta ser temidos y adorados por los seres humanos, a los ángeles les molesta que se les guarde adoración.

Los ángeles no piden la adoración de nadie, ni esperan que nadie les rinda culto o tributo. Los ángeles trabajan para la mayor gloria de Dios, y no para la gloria de ellos. Es más, los ángeles repudian a aquellos que les quieren rendir devoción. Los santos y las vírgenes sí aceptan el culto de los fieles, pero los ángeles prefieren mantenerse al margen de la adoración humana. No como los extraterrestres, que no sólo gozan con la adoración de los hombres, sino que además, en algunas épocas, han querido reinar sobre la humanidad en la misma Tierra.

Que algunos extraterrestres parezcan ángeles por su aspecto externo, no quiere decir que lo sean.

Hay extraterrestres de todos los tipos y de todas las apariencias. A mediados de los años cuarenta y durante buena parte de los años cincuenta, se paseaban por la Tierra unos extraterrestres de aspecto angelical. Decían que venían de Venus, entre otras cosas, porque los hombres siempre habían relacionado la belleza física con dicho planeta, pero a medida que los hombres fueron descubriendo las particularidades físicas y materiales de Venus, estos extraterrestres cambiaron de lugar de origen y empezaron a alegar que venían de Alfa Centauro, y el día que los hombres descubran que cerca de esa estrella no hay extraterrestres hermosos, de larga y rubia cabellera, dirán que pertenecen a otro sistema planetario más lejano.

Los falsos venusinos no eran extraterrestres de mala calaña, aunque sí les gustaba ser adorados y seguidos, y alguna que otra vez se presentaron como ángeles para causar mayor impacto a sus contactados.

Todavía hoy en día hay gente que contacta con ellos a través de la Ouija, o telepáticamente, confundiéndolos con ángeles salvadores, cuando no son más que unos manipuladores que estudian muy de cerca el comportamiento humano, y juegan con sus cobayas sin quererles hacer daño.

Hay extraterrestres más translúcidos y angelicales, que más que estudiar o manipular a los humanos, se burlan de ellos y les gastan bromas pesadas. Sus naves también son transparentes y luminosas, y más que de otros planetas, es muy posible que vengan de alguno de los mundos paralelos que nos rodean. No tienen capacidad para interaccionar físicamente con nosotros, es decir, no nos pueden tocar, pero sí pueden incidir en nuestros pensamientos e influenciar nuestros sentidos, y de eso se valen para hacer creer a sus contactados que el mundo se va a acabar o cosas por el estilo.

También los hay de tipo más humano, o cabezones y pequeñajos, o con apariencia algo animal, o incluso de aspecto energético y lumínico.

Los hay que pueden viajar interdimensionalmente, por el espacio o por el tiempo, y no faltan, entre ellos, algunos que pueden obrar maravillas y «milagros» a ojos de los humanos. Pero por regla general no están demasiado lejos de la escala evolutiva de los humanos, y dependen tanto de la voluntad divina como nosotros. Es decir, que no son seres eternos ni espíritus, sino mortales y con unas limitaciones físicas, psíquicas y mentales. Y, por supuesto, ninguno de ellos tiene nada que ver con los seres celestiales, con los ángeles.

Una vez aclarado este concepto, podemos seguir adelante y ver el sentido práctico que pueden tener los ángeles custodios en nuestras vidas, al tiempo que vamos conociendo sus nombres y las áreas de la vida que dominan, sin olvidar que podemos acceder a ellos con una simple oración o un rezo, en cualquier lugar y a cualquier hora del día.

LOS NOMBRES DE LOS ÁNGELES CUSTODIOS Y SU RELACIÓN CON EL ZODÍACO

Cada peldaño hacia el Cielo
es una estrella,
y cada estrella
es un nacimiento.

Una vez hechas las aclaraciones quc distinguen a los Ángeles Custodios de nuestro Ángel de la Guarda, los Ángeles Caídos, los Elementales, los seres de otros mundos y los extraterrestres, podemos pasar a conocer los nombres de los Ángeles que nos ayudan y protegen en todos los aspectos de la vida cotidiana.

Para ello recurriremos a la tradición hebrea de la Cábala, por una parte, y a los signos del Zodíaco por la otra, basándonos en los nombres tradicionales con que El Schemahamphorasch los bautizó.

No me extenderé en las explicaciones sobre la Cábala ni sobre el Zodíaco, ya que el lector puede recurrir a otros tratados más extensos para su estudio, y porque el mismo lector, estoy seguro, estará más interesado en la parte práctica de este libro que en largas lecciones de la Cábala y la Astrología.

Baste con saber que de las cuatro letras sagradas del nombre de Jehová (IHVH), se desprenden los cuatro puntos cardinales del Zodíaco, representados por los signos de Aries, Cáncer, Libra y Capricornio, y que entre cada signo cardinal actúan 18 ángeles custodios con nombre propio y funciones específicas.

Cada signo astrológico está directamente favorecido por seis ángeles, pero eso no impide que cada uno de nosotros, independientemente del signo que tenga, podrá recurrir a los ángeles custodios de otro signo al llamarlos con una simple oración:

Padre Celestial,
en el nombre de tu hijo,
nuestro Señor Jesucristo,
te pido que (nombre del ángel)
acuda en mi auxilio
(se hace la petición
en relación a la función del ángel)
Amén.

Una vez hecha la petición, o una vez que se hayan cumplido nuestras espectativas, debemos dar las gracias:

Padre Celestial,
en el nombre de tu hijo,
nuestro Señor Jesucristo,
te doy las gracias
por lo recibido.
Amén.

Esta es una fórmula como lo puede ser cualquier otra, ya que todos los rezos, mientras se pida la anuencia de la más alta autoridad y se agradezca la atención prestada por aquello en lo que creemos, es suficiente para ser escuchados por nuestros ángeles custodios.

Cada persona, dependiendo del día en que haya visto la luz en nuestra Tierra, es decir, del día que haya nacido, tendrá más ayuda del ángel que domine esa porción del Zodíaco.

Por ejemplo, las personas que hayan nacido entre el 21 y el 26 de marzo, estarán constantemente ayudados por Al-Vehu, el ángel custodio de la magia y la inventiva, y recibirán más fácilmente su ayuda cuando la soliciten. De la misma manera que las personas nacidas entre el 22 y el 27 de junio, estarán directamente protegidas por Ih-Levo, el ángel custodio de la intuición.

LAS LIMITACIONES

Por supuesto, como en todos los campos humanos, tanto mágicos como racionalcs, hay una serie de limitaciones, un código ético o un orden que se debe respetar.

Nadie puede con todo ni nadie lo sabe todo. El poder absoluto no pertenece a nadie. Todos los seres humanos estamos juntos en la misma nave y no podemos ir más allá que nuestros hermanos. Quien ofrezca lo contrario, miente o engaña. Ni siquiera los magos más poderosos pueden obtener todo lo que les dé la gana, porque tampoco los seres celestiales pueden hacerlo todo. Cada uno tiene sus funciones y sus limitaciones.

1. No se puede pedir nada que dañe a una tercera persona.
2. No se puede conseguir el amor de quien no nos quiere.
3. No se puede quitar a otros lo que queramos para nosotros.

4. No se pueden transgredir las leyes naturales.
5. No se puede conseguir aquello en lo que no empeñemos nuestra voluntad.
6. No se puede obtener la servidumbre de una tercera persona.
7. No se puede interferir en la vida ajena.
8. No se puede usurpar el lugar de otros.
9. No se puede evitar, retardar o desviar el bien que va dirigido a otros.
10. No se puede manipular ni dominar a los ángeles custodios.
11. Tampoco se debe rendir culto a dichos ángeles.
12. No se puede ni se debe abusar de la ayuda de los ángeles custodios.

Para hacer cosas malas o retorcidas, para vengarnos de alguien o para dar salida a nuestros despechos, celos y envidias, no necesitamos la ayuda de ningún ángel custodio.

Los ángeles custodios nos ayudan a evolucionar, a crecer, a mejorar, a triunfar y a hacer el bien, ya que para hacer el mal nos bastamos solos.

LOS 18 ÁNGELES CUSTODIOS DE LA PRIMERA LETRA SAGRADA (I)

ARIES

• ***Al-Vehu, primer quintil de Aries***

El primero de los primeros.
Ayuda y protege a los nacidos en esta área del Zodíaco.
Otorga inventiva, ingenio y creatividad.
Ayuda a conseguir el triunfo.
Agiliza los trámites.
Da soluciones mágicas a los problemas.
Ayuda en todo lo inmediato, por eso, una vez recibida su ayuda, hemos de ponernos manos a la obra y continuar con el trabajo.

• ***Al-Yeli, segundo quintil de Aries***

Promociona la creatividad.
Da impulso a nuestras iniciativas.
Favorece las empresas.
Despierta el intelecto.
Desarrolla el ego.
Favorece la videncia.
Nos ayuda a cuidar de los menos favorecidos.

• ***Al-Sit, tercer quintil de Aries***

Protege contra los accidentes.
Nos ayuda a tomar decisiones arriesgadas.
Favorece las pesquisas.
Nos ayuda a encontrar las cosas perdidas.
Nos ayuda a obtener lo que merecemos.
Favorece las relaciones que nos interesan.
Nos ayuda cuando estamos en apuros.

- ***Al-Aulem, cuarto quintil de Aries***

Nos ayuda a ser más atrevidos y audaces.
Favorece a nuestras mascotas.
Cuida de nuestras propiedades.
Favorece nuestros primeros pasos.
Nos ayuda a relacionarnos con los demás.
Atrae la fortuna.
Nos ayuda en el liderazgo.
Nos hace ver las cosas con objetividad.

- ***Al-Mahash, quinto quintil de Aries***

Agiliza el aprendizaje.
Mejora nuestra personalidad.
Favorece las relaciones personales.
Aumenta la pasión.
Eleva la moral y da ánimo.
Favorece el cuerpo físico.
Favorece todos los aspectos policiales.
Nos protege de males y atracos.

- ***Al-Lelah, sexto quintil de Aries***

Favorece todo lo masculino.
Nos ayuda a que no nos falte lo más elemental.
Favorece la racionalidad.
Nos da fuerza, energía y vigor.
Nos ayuda a construir y a definir las situaciones.
Nos ayuda a poner los cimientos y a fundar las bases.
Incentiva la fuerza de la voluntad.
Da forma al ingenio y al pensamiento.

• ***Al-Akah, primer quintil de Tauro***
Refrena el exceso de impulsividad.
Atrae la luz espiritual.
Espiritualiza lo material.
Asienta los pensamientos.
Favorece las siembras.
Cuida del ganado y de los terrenos.
Favorece el crecimiento corporal.
Da sensualidad y favorece el amor.
Sensibiliza los sentidos.

• ***Al-Kahath, segundo quintil de Tauro***
Nos ayuda a organizarnos.
Administra e incrementa los bienes.
Incentiva el ahorro.
Favorece la constancia.
Incentiva el sentido práctico.
Nos ayuda a ser tenaces.
Afianza nuestras posiciones.
Hace que sean más duraderas nuestras bases.
Atrae la riqueza, pero tendremos que luchar por ella.
Materializa lo espiritual.

• ***Al-Hezi, tercer quintil de Tauro***
Favorece la belleza personal.
Incentiva las habilidades físicas.
Da madurez y cimienta las experiencias.
Favorece la construcción y las inversiones.
Mejora la voz y el sentido musical.
Abre puertas y favorece a la suerte.
Da soluciones duraderas a nuestros problemas.

Cuida de nuestra infancia.
Favorece a todo lo relacionado con los niños.

• ***Al-Elad, cuarto quintil de Tauro***
Favorece la estabilidad familiar.
Incentiva el sentido artístico.
Nos ayuda a ampliar nuestra visión del mundo.
Ayuda en las relaciones familiares.
Concreta los deseos y nos ayuda a conseguir por lo que luchamos.
Nos otorga tolerancia.
Fortalece el organismo.
Nos ayuda en los estudios.
Atrae herencias.
Favorece el reconocimiento ajeno.

• ***Al-Lav, quinto quintil de Tauro***
Impulsa las empresas familiares.
Atrae rendimientos y ganancias.
Favorece el desarrollo personal.
Incentiva el mando y la capacidad de gestión.
Fortalece la personalidad.
Nos ayuda a responsabilizarnos de los demás.
Nos otorga capacidad de organización.
Favorece el desarrollo grupal.
Incrementa nuestras producciones.

• ***Al-Hahau, sexto quintil de Tauro***
Protege todo lo femenino.
Incentiva la curación y el cuidado de los enfermos.
Favorece la solidaridad y la ayuda a los demás.
Nos ayuda en las tareas pesadas.
Nos da capacidad de aguante.

Nos ayuda a reflexionar.
Nos hace más sensibles y más sensitivos.
Favorece el romanticismo.
Da estabilidad a las relaciones amorosas.
Favorece las uniones y los matrimonios.

GÉMINIS

• ***Al-Yezel, primer quintil de Géminis***

Protege todo lo fraternal.
Nos ayuda a ayudar a la familia.
Favorece las relaciones entre hermanos.
Incentiva la movilidad.
Nos ayuda a ser más versátiles.
Nos ayuda a acomodarnos a las situaciones difíciles.
Da agilidad física y mental.
Nos ayuda a superar los cambios.

• ***Al-Mebah, segundo quintil de Géminis***

Favorece la parte femenina que todos llevamos dentro.
Nos ayuda a que los demás nos acepten.
Nos ayuda a superar problemas personales.
Nos abre lo ojos y nos muestra nuestras imperfecciones.
Nos ayuda a tranquilizar los nervios.
Nos da una visión más positiva del mundo.
Nos abre las puertas de la magia.
Favorece el aprendizaje de idiomas.
Nos ayuda a eliminar las barreras mentales propias y ajenas.

• ***Al-Heri, tercer quintil de Géminis***

Favorece la parte masculina que todos llevamos dentro.
Nos ayuda a aceptar a los demás.
Favorece nuestra capacidad de resolver problemas ajenos.

Impide la manipulación y el abuso.
Nos aconseja y nos guía por el buen camino.
Favorece las nuevas ideas y los nuevos conceptos.
Nos ayuda a ser más rápidos y eficientes.
Nos da movilidad y favorece los pequeños desplazamientos.

• ***Al-Haquem, cuarto quintil de Géminis***
Favorece a los hijos y a la parte filial.
Favorece a los que dependen de nosotros.
Nos ayuda en nuestras actividades creativas.
Favorece nuestras pequeñas obras.
Impulsa nuestro lugar en el trabajo.
Mejora la comunicación entre las partes.
Incentiva el diálogo entre los dispares.
Favorece nuestro aspecto político.
Nos ayuda a eliminar nervios y tensiones.
Nos ayuda a salir de nuestros pequeños vicios.

• ***Al-Lau, quinto quintil de Géminis***
Favorece todo lo que se renueva.
Nos ayuda a rejuvenecer, o a ver la vida jovialmente.
Nos abre los ojos a nuevas posibilidades.
Aumenta nuestro carisma personal.
Nos ayuda a comunicarnos y a transmitir lo que pensamos.
Favorece la información y atrae la fama.
Incentiva el don de la palabra.
Nos da movilidad, habilidad y energía.
Nos ayuda a encontrar soluciones fáciles a problemas difíciles.

• ***Al-Keli, sexto quintil de Géminis***
Favorece el reencuentro interior.

Nos ayuda a ponernos de acuerdo con nosotros mismos.
Nos ayuda a no encerrarnos en nosotros mismos.
Nos ayuda a ahuyentar la soledad.
Nos ayuda a reconocer nuestras faltas.
Nos ayuda a depurarnos por dentro y por fuera.
Nos impulsa a la mejora y al cambio.
Favorece los cambios de residencia y de trabajo.
Nos abre la puertas a la medicinas alternativas.
Favorece el intelecto.

LOS 18 ÁNGELES CUSTODIOS DE LA SEGUNDA LETRA SAGRADA (H)

CÁNCER

• ***Hi-Levo, primer quintil de Cáncer***
Favorece el conocimiento de las ciencias ocultas.
Incentiva la intuición.
Nos abre la puerta a otras realidades.
Incentiva la imaginación.
Racionaliza la fantasía.
Nos da fuerza espiritual.
Incentiva nuestros sentidos ocultos.
Nos ayuda a salir de las depresiones.
Estabiliza la salud mental.

• ***Hi-Pahel, segundo quintil de Cáncer***
Favorece todo lo relacionado con la maternidad.
Nos ayuda a elevar nuestra parte femenina.
Eleva nuestro magnetismo.
Nos ayuda a atraer lo que nos interesa.

Mejora nuestras funciones orgánicas.
Nos ayuda en la fertilidad y destruye la esterilidad.
Nos ayuda en los pequeños esfuerzos cotidianos.
Mejora nuestra percepción de lo real y de lo irreal.

• ***Hi-Nelak, tercer quintil de Cáncer***
Da forma a la imaginación y a las ideas.
Favorece la memoria.
Incentiva la fuerza mental.
Favorece el desarrollo interior.
Enriquece el mundo intelectual.
Incrementa los conocimientos.
Nos aleja del vicio del alcohol.
Nos ayuda a asimilar cuanto sucede a nuestro alrededor.
Nos ayuda a mantener los pies en la tierra aunque tengamos la cabeza en la luna.

• ***Hi-Yiai, cuarto quintil de Cáncer***
Favorece las funciones endocrinas.
Depura las funciones orgánicas.
Nos ayuda en el amplio campo de la salud.
Favorece las actividades deportivas.
Incentiva la capacidad de concentración.
Nos reviste de racionalismo.
Favorece la fuerza de voluntad dándole constancia y cotidianeidad.
Eleva los pequeños esfuerzos a lo más alto.
Favorece a los humildes ante los grandes.
Equilibra las fuerzas propias y ajenas.

• ***Hi-Melah, quinto quintil de Cáncer***
Estructura el pensamiento.
Da forma a la intuición.

Cimienta la personalidad y la forma física.
Favorece las cosechas y las siembras.
Da forma a la fertilidad.
Incrementa lo ahorrado.
Expande las ideas.
Concreta y afirma lo alcanzado.
Da fuerza y seguridad a nuestros actos.
Elimina los temores y desvanece las dudas.
Fortalece el presente y da forma al futuro.

• ***Hi-Chaho, sexto sextil de Cáncer***
Nos ayuda a salir de las situaciones más difíciles.
Nos ayuda a reponernos de los accidentes.
Nos ayuda a superar los problemas más intrincados.
Nos salva de la situaciones más peligrosas.
Nos ayuda a reponernos de traumas y penas.
Nos ayuda a salir de cualquier pozo.
Nos da una segunda o una tercera oportunidad en la vida.
Mejora nuestro humor y nos da un nuevo sentido en la vida.
Nos abre las puertas de la realidad.

• ***Hi-Netah, primer quintil de Leo***
Favorece todo lo relacionado con la personalidad y el ego.
Incentiva el crecimiento personal.
Nos ayuda a brillar con luz propia.
Favorece la capacidad de dirigir.
Nos ayuda a destacar y a triunfar.
Favorece el desarrollo de las iniciativas.
Atrae la fortuna a todo tipo de negocios.
Nos acerca a la riqueza, pero no nos la entrega.
Incrementa los valores personales.

• ***Hi-Haa, segundo quintil de Leo***
Favorece todo lo relacionado con lo paternal.
Incentiva el don de mando.
Nos ayuda a dirigir nuestras actividades cotidianas.
Nos ayuda a dirigir nuestras empresas.
Nos ayuda a dirigir nuestra familia.
Fortalece el sentido patriarcal.
Nos ayuda a ayudar a los que dependen de nosotros.
Favorece nuestro crecimiento interno.
Nos ayuda a sacar adelante nuestras responsabilidades.

• ***Hi-Yereth, tercer quintil de Leo***
Favorece directamente a los que dependen de nosotros.
Incentiva las primeras experiencias.
Incentiva las primeras pasiones y los primeros amores.
Incentiva las diversiones.
Nos ayuda a desarrollarnos frente a la vida.
Nos ayuda a independizarnos.
Nos ayuda a crecer humana y espiritualmente.
Favorece todos los inicios.
Favorece la fuerza interior y su desarrollo.

• ***Hi-Shaah, cuarto quintil de Leo***
Nos ayuda a humanizarnos.
Nos ayuda a sobreponernos de las derrotas.
Nos ayuda a vencer nuestra parte animal.
Nos ayuda a dominar nuestras pasiones.
Nos ayuda a dominarnos ante las tentaciones.
Nos ayuda a ser más humildes.
Nos ayuda a ser más espirituales.
Nos ayuda a ser menos egoístas.
Favorece nuestra capacidad de renuncia.

• ***Hi-Riyi, quinto quintil de Leo***

Favorece el avance en las nuevas etapas de la vida.
Nos ayuda a luchar contra los imponderables.
Nos abre los ojos ante los peligros que nos circundan.
Nos incita a seguir adelante cuando creemos que ya no podemos ir más allá.
Nos ayuda a proteger, contra viento y marea, a los nuestros.
Mejora nuestra posición ante la vida.
Eleva nuestra posición vital en todos los órdenes.
Nos ayuda a soportar el peso de la existencia.
Nos ayuda a ver más allá de nosotros mismos.

• ***Hi-Aum, sexto quintil de Leo***

Favorece todo lo relacionado con el gobierno humano.
Mejora las capacidades personales.
Otorga el don de la persuasión.
Otorga el don de la simpatía.
Otorga el don del verbo, es decir, de cumplir o hacer que se cumpla nuestra palabra.
Une lo humano con lo divino.
Incentiva la aspiración espiritual.
Nos ayuda a elevarnos y a subir los peldaños de la jerarquía, tanto a nivel humano como a nivel espiritual.
Nos ayuda y nos guía, para que ayudemos y guiemos a los demás.

VIRGO

• ***Hi-Lekab, primer quintil de Virgo***

Favorece la castidad y la virtud.
Favorece la humildad y el servicio.

Favorece el trabajo de luz que se hace en la sombra.
Favorece los pequeños detalles de la vida.
Favorece la lealtad y la fidelidad.
Favorece la fuerza pequeña, pero constante.
Favorece el empleo, tanto humano como espiritual.
Favorece la resignación.
Favorece lo sano y todo lo relacionado con la salud.
Favorece lo natural y lo sencillo.

- ***Hi-Vesher, segundo quintil de Virgo***

Nos ayuda a percibir el futuro.
Nos ayuda a visionar lo lejano y lo cotidiano.
Nos conecta con el mundo de los sueños.
Nos conecta con otros mundos.
Nos ayuda a comprender otras lenguas y otras ideas.
Nos ayuda a transmitir lo comprendido.
Nos ayuda a traducir las señales.
Nos ayuda a enseñar todo lo aprendido.
Favorece la habilidad de acomodarse a las más diversas situaciones.

- ***Hi-Yecho, tercer quintil de Virgo***

Favorece el desarrollo de las energías interiores.
Nos ayuda a depurar y a limpiar lo propio y lo ajeno.
Nos aleja de la tentación del robo y el fraude.
Nos enseña el valor del trabajo.
Nos ayuda a encontrar una ocupación adecuada a nosotros.
Favorece el amor y la entrega.
Nos ayuda a superar nuestras propias limitaciones.

- ***Hi-Lehach, cuarto quintil de Virgo***

Favorece aquellas cosas que nos parecen imposibles.

Nos ayuda a llegar donde nunca creímos que llegaríamos.
Nos ayuda a superar incapacidades.
Nos eleva, pero nosotros somos responsables de capitalizar ese ascenso.
Incentiva nuestras corazonadas.
Atrae los golpes de fortuna.
Nos ayuda a mejorar nuestra vida.
Nos brinda oportunidades, pero nosotros debemos cogerlas y llevarlas a buen término.
Nos empuja y nos favorece, pero no nos soluciona la vida.

• ***Hi-Keveq, quinto quintil de Virgo***
Favorece el arte de la escritura.
Favorece el arte de la interpretación.
Favorece el arte de la traducción.
Favorece a los artesanos en general.
Favorece a las mascotas.
Favorece a los que no tienen demasiadas pretensiones.
Favorece a los modestos.
Ayuda a superar la vanidad y los humos del triunfo.
Nos ayuda a aceptar las cosas como son, para que sepamos mejorarlas y convertirlas en lo que queremos que sean.

• ***Hi-Menad, sexto quintil de Virgo***
Nos ayuda a salir de la sombra.
Nos ayuda a no aferrarnos ni a los afectos ni a lo material.
Mejora nuestras actitudes ante la vida.
Nos ayuda a desprendernos de lo que nos hace daño.
Favorece la estabilidad emocional.
Favorece la madurez personal.
Incentiva la capacidad de compartir.
Nos ayuda a salir del ostracismo y del desamor.

Nos ayuda a salir del cascarón.
Nos ayuda a liberarnos de nuestras ataduras materiales y sentimentales.

LOS 18 ÁNGELES CUSTODIOS DE LA TERCERA LETRA SAGRADA (V)

LIBRA

• ***Ani-El, primer quintil de Libra***
Favorece las uniones y las sociedades.
Disminuye la irritabilidad.
Destierra las dudas y los recelos.
Nos ayuda a mejorar nuestras relaciones sociales.
Nos ayuda a mejorar nuestra posición social.
Equilibra las interacciones entre las partes.
Mejora nuestro carácter.
Evita que cometamos errores por impulsividad.
Nos ayuda a reflexionar.

• ***Chaum-El, segundo quintil de Libra***
Favorece la sinceridad.
Favorece la diplomacia.
Favorece los buenos arreglos.
Favorece las confesiones.
Nos ayuda a decir lo que tenemos que decir.
Incentiva los acuerdos.
Favorece la concordia entre las partes.
Favorece las reconciliaciones.

• ***Rehau-El, tercer quintil de Libra***
Nos ayuda a poner las cosas en claro.

Nos ayuda a arreglar los errores cometidos.
Favorece la estética y la ética.
Nos ayuda a tener más tacto.
Nos ayuda a recuperar lo perdido.
Nos ayuda a reconstruir lo destruido.
Mejora nuestro sentido social.
Favorece la paz y la estabilidad social.
Intercede por nosotros ante otros ángeles.
Nos cuida y nos protege de los ataques externos.

- ***Yeiz-El, cuarto quintil de Libra***

Favorece el amor y las sensaciones.
Favorece los placeres humanos.
Incentiva el placer de vivir.
Desarrolla el sentido estético y artístico.
Desarrolla el equilibrio de las formas y los hechos.
Nos ayuda ante los seres queridos.
Intercede por nuestros seres queridos.
Desarrolla nuestra sensibilidad en el plano humano y material.
Favorece todo lo que esté relacionado con la belleza y con el bienestar.

- ***Ahaha-El, quinto quintil de Libra***

Favorece la unión espiritual.
Incentiva la perpetuación del amor.
Desarrolla nuestro sentido espiritual.
Eleva el pensamiento a otros niveles.
Nos ayuda a mantener el orden dentro del caos.
Nos ayuda a mantener el equilibrio entre el mundo espiritual y el mundo material.
Eleva todas las acciones humanas a un nivel de conciencia superior.

Nos ayuda a cambiar las sensaciones por sentimientos puros.
Nos ayuda a mejorar en todos los planos de la vida.

- ***Mik-El, sexto quintil de Libra***

Nos prepara para los cambios.
Nos avisa de las cosas malas y buenas que están por venir.
Intercede por nosotros ante Dios.
Nos ayuda a luchar por las causas justas.
Nos ayuda a asistir física y materialmente a los demás.
Fortalece nuestra alma y espíritu.
Apoya las iniciativas humanitarias a todos los niveles.
Nos da severidad y seriedad, a la vez que misericordia y comprensión.
Favorece todo lo relacionado con la justicia.
Favorece todos nuestros actos frente a la administración.
Favorece todos nuestros actos frente a los poderosos.

ESCORPIO

- ***Veval-El, primer quintil de Escorpio***

Favorece los esfuerzos y las luchas.
Marca los cambios radicales de la vida.
Nos avisa de los peligros que nos esperan.
Lucha contra los demonios.
Aleja a los Elementales.
Favorece las guerras justas.
Nos ayuda a destruir para reconstruir.
Nos ayuda a tomar decisiones difíciles y determinantes.
Es un guerrero eficaz contra todos los males que nos acechan.

- ***Yelah-El, segundo quintil de Escorpio***

Nos guía por el camino de la muerte.

De las cuatro letras sagradas del nombre de Jehová (IHVH)
se desprenden los cuatro puntos cardinales,
y entre cada uno de ellos actúan 18 ángeles custodios.

Nos guía por los nuevos senderos de la vida.
Nos guía entre los peligros.
Nos ayuda en los momentos de crisis.
Nos ayuda en las penas y dolores.
Nos ayuda cuando estamos más hundidos.
Es capaz de hacer posible lo que parece imposible.
Es un valioso guía que siempre está presente en los cambios importantes de nuestra vida.
Favorece todo lo que está relacionado con el nacimiento y la muerte.

- ***Sael-El, tercer quintil de Escorpio***

Favorece todo lo relacionado con el sexo.
Favorece el crecimiento interior.
Favorece el autoconocimiento.
Potencia los puntos energéticos del cuerpo físico.
Nos ayuda a reponernos de las desgracias.
Nos ayuda a recuperar la fuerza de voluntad.
Favorece la concentración.
Nos ayuda a no tener temor ante el peligro.
Otorga fuerza creativa.
Nos ayuda a vencer en nuestras batallas cotidianas.

- ***Auri-El, cuarto quintil de Escorpio***

Favorece todo lo relacionado con los ejércitos.
Nos ayuda en las luchas mayores.
Favorece todo lo relacionado con las guerras.
Nos ayuda a redimirnos de nuestros pecados.
Favorece los cambios definitivos.
Nos ayuda a sobreponernos de cualquier desgracia.
Favorece el triunfo y salva de la derrota.
Nos ayuda a salir de los vicios mayores.
Nos ayuda a salir adelante en las grandes batallas de la vida.

• ***Aushal-El, quinto quintil de Escorpio***
Nos ayuda a resurgir de nuestras cenizas.
Favorece todo proceso de reconstrucción.
Nos ayuda a organizar los asuntos ajenos.
Nos ayuda a no caer en el fanatismo.
Nos ayuda a administrar los bienes ajenos.
Nos socorre en las tareas de responsabilidad.
Favorece la redención y el perdón.
Nos ayuda a pagar nuestros pecados.

• ***Miah-El, sexto quintil de Escorpio***
Favorece el crecimiento espiritual después de la lucha.
Nos ayuda en nuestras batallas espirituales.
Eleva el sentido de nuestras luchas.
Mejora nuestra disposición ante los problemas.
Lucha contra la crueldad y el abuso.
Nos protege de ataques sexuales.
Nos protege en la guerra.
Nos ayuda a tener seguridad en nosotros mismos.
Nos ayuda a proteger a los más débiles.
Nos guía en el sendero del crecimiento espiritual.

SAGITARIO

• ***Vaho-El, primer quintil de Sagitario***
Otorga generosidad.
Otorga jovialidad.
Favorece el equilibrio entre el espíritu y el cuerpo.
Otorga felicidad y bienestar.
Otorga fortuna y estabilidad.
Nos ayuda a ser más positivos en la vida.
Nos ayuda a obtener comodidad y tranquilidad.

No ayuda a crecer personalmente.
Amplía nuestros horizontes vitales.

- ***Doni-El, segundo quintil de Sagitario***

Favorece todo lo relacionado con los estudios.
Incrementa la capacidad de comprensión.
Incrementa la capacidad de asimilación.
Nos ayuda a comprender el mundo racional.
Nos ayuda a comprender el mundo espiritual.
Nos ayuda a comprender a los que nos rodean.
Despierta el intelecto.
Despierta las habilidades.
Favorece todo lo que sea impreso o escrito.

- ***Hachash-El, tercer quintil de Sagitario***

Favorece todo lo relacionado con los viajes.
Nos ayuda a establecernos en el mundo.
Favorece la proyección mental.
Favorece la proyección espiritual.
Favorece los cambios de residencia.
Nos ayuda a establecernos en el extranjero.
Nos abre las puertas del mundo.
Abre nuestra mente a nuevas experiencias.
Incrementa nuestra capacidad de adaptación.

- ***Aumem-El, cuarto quintil de Sagitario***

Favorece todo lo relacionado con la expansión y el crecimiento.
Atrae la fortuna.
Atrae los favores de las amistades.
Atrae la simpatía de los demás.
Nos favorece ante la justicia y ante las instituciones.
Expande nuestra capacidad de juicio.

Nos ayuda a superar nuestros prejuicios.
Favorece el crecimiento empresarial.
Favorece el crecimiento comercial.
Favorece los lazos de unión con el extranjero.
Nos ayuda a crecer y expandernos en todos los campos de la vida.

- ***Nena-El, quinto quintil de Sagitario***

Favorece todo lo relacionado con la religión.
Favorece el mundo de las creencias.
Favorece el mundo de la fe.
Favorece los rituales mágicos y religiosos.
Favorece el pensamiento mágico y religioso.
Nos ayuda a entrar en contacto con el mundo espiritual.
Eleva nuestro espíritu.
Nos ayuda a compartir creencias e ideales.
Es un poderoso guerrero en la lucha santa.
Nos ayuda a vencer nuestro demonios.

- ***Neith-El, sexto quintil de Sagitario***

Favorece la expansión de las ideas y las creencias.
Nos ayuda a llevar la palabra de Dios a todas partes.
Favorece la unión entre distintas creencias.
Favorece el crecimiento de las ideas positivas.
Favorece la expansión de los buenos actos.
Nos ayuda a servir y ayudar a los humildes.
Nos ayuda a servir a Dios.
Nos ayuda a descubrir nuestra vocación en la vida.
Nos ayuda a dirigir y gobernar.
Nos ayuda a aumentar nuestras responsabilidades.

LOS 18 ÁNGELES CUSTODIOS DE LA CUARTA LETRA SAGRADA (H)

CAPRICORNIO

• ***Mabeh-Yah, primer quintil de Capricornio***
Favorece la lucha por el ascenso.
Nos protege de las caídas.
Nos ayuda a iniciar el camino.
Nos ayuda a superar los obstáculos del ascenso.
Otorga frugalidad y disciplina.
Otorga responsabilidad y don de mando.
Nos ayuda a sobresalir de los demás.
Lava nuestros pecados.
Nos prepara para el porvenir.
Nos revela la esencia divina que llevamos dentro.
Nos abre las puertas del Cielo.

• ***Poi-Yah, segundo quintil de Capricornio***
Prepara el terreno del ascenso.
Nos ayuda a madurar antes de tiempo.
Nos despierta del largo sueño material.
Nos ayuda a destacar en todos los campos de vida.
Favorece tanto el ascenso espiritual como el ascenso material.
Nos ayuda a tener un sentido pragmático de la vida.
Nos ayuda a sacarle el mejor partido a la vida.
Redime el papel de la materia en el plano espiritual.
Atrae el triunfo en todos los campos de la existencia.

• ***Nemem-Yah, tercer quintil de Capricornio***
Nos ayuda a llegar a la cima, pero de nosotros dependerá mantenernos en ella.
Nos eleva a lo más alto de la vida material.

Nos eleva a lo más alto de la vida espiritual.
Otorga poder y riqueza.
Otorga fama y gloria.
Otorga conocimiento y sabiduría.
Otorga entendimiento y filosofía.
Atrae la ayuda del Arcángel Gabriel.
Otorga gobierno y dirección.
Favorece todo lo patriarcal y todo lo jerárquico, pero de nosotros dependerá no hacer mal uso de sus dones.

- ***Yeil-Yah, cuarto quintil de Capricornio***

Nos ayuda a mantenernos en la cumbre.
Nos aconseja en las tareas elevadas.
Nos ayuda a no perder el contacto con la materia.
Nos ayuda a no olvidarnos de los humildes.
Nos ayuda a no abusar de nuestro poder.
Vigila nuestro comportamiento.
Influye positivamente en nuestro pensamiento.
Favorece todo lo relacionado con la ejecución de las leyes.
Favorece todo lo relacionado con el ejercicio del poder.
Favorece a los más destacados, pero no puede intervenir en las decisiones finales que tomen los hombres.
Otorga carisma, don de lenguas, don de mando y expansión de la personalidad, pero no puede interferir en el uso que demos a sus dones.

- ***Harach-Yah, quinto quintil de Capricornio***

Nos protege en la caída.
Nos protege en el infortunio.
Nos protege cuando nos hemos perdido en el sendero.
Cuida de nosotros cuando nuestros propios actos nos han llevado al vacío.
Nos ayuda a retomar el camino.

Nos ayuda a reiniciar el ascenso.
Favorece la reflexión profunda.
Favorece la redención de los caídos e intercede por ellos ante Dios.
Atrae el poder del Arcángel Tzaphquiel, para volver a elevar a los que han alcanzado alguna vez la cumbre.
Reconduce el camino de la evolución espiritual cuando ha fallado la materia.

- ***Metzer-Yah, sexto quintil de Capricornio***

Favorece todo lo material que se convierte en espiritual.
Favorece la química y la alquimia.
Nos ayuda a transformar el oro material en oro espiritual.
Favorece la transformación de los seres.
Favorece la transmutación de las cosas.
Abre las puertas a un nuevo mundo.
Capitaliza los bienes materiales en bienes espirituales.
Nos ayuda a desprendernos de todos los lazos materiales.
Nos ayuda a desprendernos de todos los lazos terrenales.
Nos ayuda a desprendernos de todos los lazos emocionales.
Nos guía por el sendero de la renunciación.
Nos guía en el tránsito hacia la nueva vida.

ACUARIO

- ***Vamet-Yah, primer quintil de Acuario***

Favorece todo lo primigenio.
Favorece todo lo primitivo.
Favorece el más lejano pasado.
Ayuda a los seres menos desarrollados.
Nos ayuda a ayudar a los seres menos desarrollados.
Nos ayuda a desvelar el pasado para enfrentar el futuro.

Nos ayuda en la actividades manuales.
Nos ayuda en la creaciones básicas.
Favorece el ingenio.
Favorece las habilidades manuales y artesanales.
Abre las puertas del conocimiento empírico.

• ***Yehah-Yah, segundo quintil de Acuario***
Favorece el despertar del pensamiento.
Abre la puerta del mundo de las ideas.
Favorece la visión y el oído.
Nos ayuda a entender y a comprender.
Favorece todos los procesos del conocimiento.
Mejora los procesos intelectuales.
Nos ayuda a descubrir el funcionamiento de las cosas.
Nos ayuda a desvelar los misterios.
Nos ayuda a no temer a lo desconocido.

• ***Aunu-Yah, tercer quintil de Acuario***
Favorece el despertar de la ciencia.
Nos ayuda a saber.
Despierta la visión y abre las puertas del entendimiento.
Mejora el desarrollo de la humanidad.
Inspira directamente, o desde los sueños, la creación de nuevas técnicas y la resolución de problemas.
Mejora ostensiblemente todos nuestros procesos mentales.
Favorece todos los campos de la ciencia.
Favorece las nuevas tecnologías.
Nos ayuda en todo tipo de descubrimientos científicos.
Nos ayuda a romper con las antiguas limitaciones del pensamiento.

• ***Mechi-Yah, cuarto quintil de Acuario***
Favorece todo lo revolucionario.

Nos ayuda en las guerras y batallas dirigidas a cambiar el estado de las cosas.
Nos ayuda a ir más allá de nuestras fronteras.
Nos ayuda a romper con las ataduras del pasado.
Nos ayuda a romper con la esclavitud y la servidumbre.
Mejora nuestro nivel de conciencia.
Nos ayuda a ser independientes y firmes.
Nos ayuda a liberarnos de cualquier tipo de opresión.
Favorece el crecimiento global de la humanidad.
Nos ayuda a ser más humanos y conscientes.
Favorece el equilibrio mental, natural y científico.
Une el conocimiento científico con el conocimiento espiritual.

- ***Dameb-Yah, quinto quintil de Acuario***

Abre las puertas de una Nueva Era para la humanidad.
Nos ayuda a controlar la energía material.
Nos ayuda a controlar la energía espiritual.
Potencia la energía mental.
Abre las puertas del futuro.
Une los mundos material, mental y espiritual.
Nos ayuda a eliminar las fronteras.
Impulsa al hombre hacia el espacio y hacia el conocimiento de nuevos mundos materiales.
Favorece todo lo que se dirija hacia el más lejano futuro.

- ***Menaq-Yah, sexto quintil de Acuario***

Abre las puertas del mundo espiritual en contacto con la Tierra.
Favorece el contacto con los seres celestiales.
Abre las puertas a los mundos dimensionales.
Favorece la evolución final del hombre.

Nos ayuda a construir los puentes de conexión entre los mundos.
Indica el camino que seguirá la humanidad.
Protege el destino global de los seres humanos.
Nos ayuda a superar nuestra tendencia al caos y el apocalipsis.
Nos ayuda a superar nuestro instinto de autodestrucción.
Nos ayuda a recuperar la inocencia sin perder el conocimiento.

PISCIS

• ***Aiau-Yah, primer quintil de Piscis***
Nos protege en el encierro.
Nos protege en la soledad.
Nos ayuda a salir de la negación.
Nos ayuda a salir del abismo.
Nos ayuda a salir de la regresión.
Nos ayuda a soportar el abandono.
Nos ayuda a superar la marginación.
Nos ayuda a salir de los juicios a los que somos sometidos.
Favorece a los menos favorecidos.
Nos ayuda a ayudar a los que sufren encierro, marginación o abandono.

• ***Chebo-Yah, segundo quintil de Piscis***
Nos ayuda a salir de la tristeza.
Nos ayuda a salir de la nostalgia.
Nos ayuda a superar los sufrimientos y las penas.
Nos ayuda a superar las enfermedades.
Nos ayuda a vencer nuestros temores.
Nos ayuda en la desesperación.

Intercede por nosotros ante el Arcángel Tzadquiel.
Favorece nuestra recuperación en todos los terrenos.
Nos protege de los avatares de la vida.
Nos ayuda a crecer a pesar de los sufrimientos.

• ***Raah-Yah, tercer quintil de Piscis***
Favorece todo lo referente al arte y la cultura.
Engrandece el alma.
Engrandece los sentimientos.
Otorga una capacidad de visión diferente.
Favorece la dirección de las masas.
Atrae la fama y la genialidad.
Engrandece las sensaciones.
Ilumina nuestros pensamientos.
Ilumina nuestra sensibilidad.
Ilumina el sendero de nuestra vida.

• ***Yebem-Yah, cuarto quintil de Piscis***
Favorece las grandes empresas.
Favorece los movimientos políticos.
Favorece los movimientos sociales.
Favorece la capacidad de liderar.
Favorece las iniciativas y la lucha de clases.
Reactiva la fuerza de las masas y los grupos.
Reactiva el crecimiento personal y grupal.
Reactiva las ambiciones.
Reactiva las metas más altas.

• ***Haiai-Yah, quinto quintil de Piscis***
Reactiva la espiritualidad.
Reactiva la religiosidad.
Reactiva la capacidad de estudiar.
Reactiva los conocimientos.

Mejora la visión y la clarividencia.
Incrementa la capacidad de acceder a las fuerzas ocultas.
Nos ayuda a contactar con el mundo de los muertos.
Desvela el pasado, el presente y el futuro.
Abre las puertas de la magia y da vida a la vida.

• ***Moum-Yah***

Reúne todas las capacidades de los ángeles.
Sintetiza todas las fuerzas cósmicas.
Cierra los ciclos.
Abre nuevos ciclos.
Demarca el final y el principio.
Conoce los cuatro puntos cardinales de nuestro destino.
Nos ayuda y nos guía en todos los planos de la vida.
Nos ayuda y nos guía en todos los planos del pensamiento.
Nos ayuda y nos guía en todos los planos de la espiritualidad.
Intercede por nosotros ante todos los ángeles y arcángeles.
Favorece todos lo planos, pero, como el resto de los ángeles custodios, no puede interferir directamente en nuestras vidas y ha de dejar en nuestras manos las decisiones finales y la concreción y mantenimiento de nuestros sueños.

EL PODER DE LOS ARCÁNGELES

El poder es la mayor fuente
de beneficios,
pero también es
el más grande de los vicios.

Nuestros Ángeles Custodios están a las órdenes de los Arcángeles, y muchas veces su capacidad resolutiva depende de lo que digan sus jefes.

No hay que olvidar que cada uno de los 72 Ángeles Custodios operan principalmente sobre el quintil del signo astrológico que ocupan. Este quintil, por si el lector no se había dado cuenta, corresponde aproximadamente a cada cinco días del signo en cuestión.

Cada quintil, y por ende cada Ángel Custodio, responden en grupos de 18 a una de las letras sagradas de IHVH (Jehová), y en cada una de estas letras hay un Arcángel que se encarga de mandar sobre otros Arcángeles y sobre nuestros Ángeles Custodios.

URIEL ARCÁNGEL

Es el jerarca celestial de la primera letra sagrada, I. Domina los primeros 18 Ángeles Custodios.

Ejerce su principal influencia sobre los signos de Aries, Tauro y Géminis.

Es el primer arcángel redimido, el único ser celestial que ha sufrido los terrores del averno.

Tiene poder sobre el impulso y la iniciativa humana, sobre la personalidad de los hombres, sobre su asentamiento y sobre su simiente sobre la faz de la tierra.

MIGUEL ARCÁNGEL

Es el jerarca celestial de la segunda letra sagrada, H.

Domina los segundos 18 Ángeles Custodios.

Ejerce su principal influencia sobre los signos de Cáncer, Leo y Virgo.

Es el arcángel de la espada de fuego.

Tiene poder sobre la colonización de la Tierra, la maternidad, la paternidad y los hijos de los hombres. También domina la intuición, el ego y el servicio. Selecciona el trigo de la paja, prepara el terreno, incendia los abrojos y depura las nuevas semillas.

GABRIEL ARCÁNGEL

Es el jerarca celestial de la tercera letra sagrada, V.

Domina los terceros 18 Ángeles Custodios.

Ejerce su principal influencia sobre los signos de Libra, Escorpio y Sagitario.

Es el arcángel gobernador de la vida y la muerte.

Tiene poder sobre la sublimación de los placeres humanos, sobre las guerras y sobre las religiones. Su poder es terrible, pero su magnanimidad es inmensa. Enseña a los hombres y transmite el mensaje de Dios a los santos y a los profetas.

RAFAEL ARCÁNGEL

Es el jerarca celestial de la cuarta letra sagrada, H.

Domina los cuartos 18 Ángeles Custodios.

Ejerce su principal influencia sobre los signos de Capricornio, Acuario y Piscis.

Tiene poder sobre la enfermedad y la curación, sobre la materia y la mente, sobre el gobierno de los hombres y la fuerza de las masas, sobre las alegrías y las penas, sobre la humildad y sobre las grandes empresas. Es el más versátil de todos, aunque no el más poderoso, porque, en cierta manera, es el más materialista al estar más en contacto con los seres humanos. Transmite los mensajes de Dios a todos los hombres.

Pero los Arcángeles no sólo se dedican a estos menesteres, su grandeza y su don de la ubicuidad les permiten estar en diversos lugares en el mismo momento, y cumplir diferentes funciones a todos los niveles desde las distintas posiciones y desde las diferentes órdenes a las que pertenecen.

De esta manera, los Arcángeles también pueden observar el siguiente orden:

ARCÁNGEL METATRÓN

Custodio del Móvil Primario, representante de Dios en la Tierra, reflejo de Jehová ante nuestros ojos y capacidad de concepción.

Jerarca de todos los Ángeles y Arcángeles, y directamente de la Orden Angelical de los Ha-Qadesh.

Tiene influencia y poder sobre todas las cosas y todos los seres del universo conocido.

RATZIEL ARCÁNGEL

Custodio del Zodíaco.

Jerarca de la Orden de los Auphanin (Ofanines).

Tiene poder sobre las estrellas, y sobre las constelaciones y planetas que a su vez nos influyen. Se encarga de mantener el orden y de evitar el caos de la pequeña parte del universo que nos corresponde. Y determina el destino de todos y cada uno de lo humanos, así como de todas y cada una de las cosas que afectan directa o indirectamente al hombre.

TZAPHQUIEL ARCÁNGEL

Custodio de Saturno.

Jerarca de la Orden de los Aralim.

Tiene poder sobre el sistema planetario en general, y sobre las personas de Capricornio y Acuario directamente. Mantiene el equilibrio entre espíritu, mente y materia. Vigila las jerarquías humanas y la evolución física, mental y espiritual de todos y cada uno de los hombres. A él le debemos la fuerza de la gravedad, la existencia de las plantas y el sentido del tiempo. Los primeros hombres creyeron que era Dios en persona.

TZADQUIEL ARCÁNGEL

Custodio de Júpiter.

Jerarca de la Orden de los Chasmalin (Dominaciones).

Tiene poder sobre los planetas menores. Mantiene el equilibrio de las fuerzas en la naturaleza de los demás planetas. Es el Señor de los Elementos, de la lluvia y el trueno, del volcán y el fuego, del viento y las mareas, de los temblores y el movimiento de los continentes. A él le debemos las primeras formas de vida animal sobre la Tierra. Cuando los seres humanos descubrieron el fuego y empezaron a organizarse cultural y socialmente, dejaron de creer en Tzaphquiel y erigieron a Tzadquiel como el nuevo Dios de los hombres. Influye directamente sobre los nativos de Sagitario y Piscis.

KHAMAEL ARCÁNGEL

Custodio de Marte.

Jerarca de la Orden de los Serafines.

Tiene poder sobre la historia de los hombres, y desde tiempos remotos se le ha considerado el dios de la guerra. Destruyó las primeras formas humanas defectuosas, pero instauró otros animales superiores. Cuando los Elohim trajeron las nuevas formas humanas, las que viven hasta nuestros días, Khamael regaló el Arte a los hombres. Influye directamente sobre los nativos de Aries y Escorpio.

MIGUEL ARCÁNGEL

Custodio del Sol.

Jerarca de la Orden de los Malachim (Virtudes).

Tiene poder sobre el desarrollo y el orden de todos los seres vivos que han poblado la tierra. A él debemos la depuración de la Tierra tras los primeros cataclismos, y la siembra de la diversidad de las especies, así como las primeras organizaciones humanas y el desarrollo de las mismas hasta nuestros días. Las primeras grandes civilizaciones lo señalaron como el Dios Sol, dándole toda clase de atributos y nombres. Influye directamente sobre el signo de Leo.

HANIEL ARCÁNGEL

Custodio de Venus.

Jerarca de la Orden de los Elohim.

Tiene poder sobre el orden social de los seres humanos, y sobre el equilibrio entre los seres humanos y las especies inferiores. A él le debemos los sentimientos, las emociones y la devoción, así como el nacimiento de la humanidad como la conocemos ahora, ya que su orden fue la encargada de sembrar la nueva semilla divina en la faz de la Tierra, representada por Adán y Eva, pero que en realidad atañe a todas las razas y pueblos que habitan la Tierra desde que el hombre primitivo se convirtió en verdadero hombre. Hasta los Kayapó del Amazonas se refieren a Haniel y los Elohim en sus leyendas, cuando hablan de los seres celestiales que abrieron el Cielo para que ellos bajaran a habitar la Tierra. Influye directamente sobre los signos de Tauro y Libra.

RAFAEL ARCÁNGEL

Custodio de Mercurio.

Jerarca de la Orden de los Beni Elohim (Hijos de los Elohim).

Tiene poder sobre la inteligencia de todos los seres vivos. Siempre ha estado muy ligado a los hombres, tanto, que los ángeles de su orden sembraron su propia semilla en las mujeres humanas, dándole un gran impulso al desarrollo evolutivo (físico, mental y espiritual) a la humanidad entera. Prácticamente todos los conocimientos, ciencias y técnicas básicas de los hombres se las debemos a él, como la rueda, el lenguaje escrito, la herboristería, etcétera, etcétera. Tanto él como los Beni Elohim continúan ayudando todos los días a los seres humanos. Influye directamente sobre lo signos de Géminis y Virgo, los comunicativos y serviciales niños del Zodíaco. Por supuesto, también en esta faceta es el arcángel de la medicina.

GABRIEL ARCÁNGEL

Custodio de la Luna.

Jerarca de la Orden de los Querubines.

Tiene poder sobre todo el conocimiento humano, y sobre los valores que observa la humanidad, los mismos que los hombres están inculcando a sus mascotas desde hace miles de años. Esto se debe a que, según algunas leyendas, los seres humanos de hoy fuimos mascotas de los Querubines y del Arcángel Gabriel cuando la Luna era un lugar habitable, y mientras otros arcángeles depuraban y preparaban la Tierra para que pudiéramos vivir en ella. Quizá también por eso, Gabriel Arcángel es el ser celestial que más intercede por los hombres ante Dios. Influye directamente sobre el signo zodiacal de Cáncer.

A todos ellos, ocupen la posición que ocupen, podemos acceder con una simple oración, con un simple rezo, ya que todos ellos, junto con sus órdenes angelicales y muchos otros ángeles y arcángeles, siempre están dispuestos a ayudar a sus hermanos menores: nosotros, los seres humanos de ayer, de hoy y de siempre.

EL PODER DE LAS SOMBRAS

No debemos extrañarnos
de las sombras,
porque hasta las sombras
emergen de la luz.

Todos y cada uno de los ángeles tienen, si no su parte contraria exactamente, sí su sombra.

Entre los ángeles caídos del averno, aunque no son tantos ni tan poderosos como los Ángeles Custodios, se encuentran las sombras de los seres celestiales positivos.

Estas sombras tienen nombre propio, aunque no se les puede considerar seres propiamente dicho. Más que seres, son entidades, reflejos opacos del bien, sobre todo del bien como lo entendemos en esta Tierra.

Por supuesto, dichas sombras están comandadas por los verdaderos demonios de los cuatro elementos: Satán, Moloch, Lucifer, y Baal, etc., e inciden directamente sobre los humanos a través de la esfera zodiacal.

SATÁN

Las sombras de Satán inciden directamente sobre los signos de Tierra: Tauro, Virgo y Capricornio. Es decir, sobre todos los aspectos materiales y materialistas de la vida, principalmente sobre la codicia, el robo y la avaricia.

MOLOCH

Las sombras de Moloch inciden directamente sobre los signos de Agua: Cáncer, Escorpio y Piscis. Es decir, sobre las emociones y las debilidades de los hombres, especialmente sobre la lujuria, la locura y los vicios, como el alcoholismo, la drogadicción, el juego y el fanatismo.

LUCIFER

Las sombras de Lucifer actúan directamente sobre los signos de Fuego: Aries, Leo y Sagitario. Es decir, sobre las creaciones, trabajos y obras de los seres humanos. Por ejemplo, sobre las armas, la tiranía y la manipulación religiosa, y, por supuesto, sobre todos los jerarcas de la Tierra.

BAAL

Las sombras de Baal actúan directamente sobre los signos de Aire: Géminis, Libra y Acuario. Es decir, sobre la falsedad, el engaño y la manipulación mental, y, por supuesto, sobre los políticos, los empresarios y los científicos.

No podemos dejar de lado a Belcebú, que actúa sobre los animales y sobre la parte animal de los hombres. Sobre la putrefacción, la decadencia, la vejez, la crueldad infantil, la locura colectiva y el miedo a la muerte, atacando a todos y cada uno de los signos del zodíaco.

El resto de las sombras llevan el mismo nombre de los ángeles, sólo que sin la protección, o el sello, de las letras sagradas del nombre de Dios, IHVH, y son los siguientes:

• ***Los Demonios de Aries***
Vehu, demonio del desenfreno.
Yeli, demonio del desatino.
Sit, demonio de la precipitación.
Aulem, demonio de los accidentes.
Mahash, demonio de la infidelidad.
Lelah, demonio de la lujuria.

• ***Los Demonios de Tauro***
Aka, demonio de la pereza.
Kahath, demonio de la ambición.
Hezi, demonio de la gula.
Elad, demonio de la insensibilidad.
Lav, demonio de la intolerancia.
Hahau, demonio de la megalomanía.

• ***Los Demonios de Géminis***
• Yezel, demonio de los fraudes.
• Mebah, demonio del radicalismo.
• Heri, demonio de la falsedad.

- Haquem, demonio de sexualidad equivocada.
- Lau, demonio de la hipocresía.
- Keli, demonio de la soberbia.

- ***Los Demonios de Cáncer***

Levo, demonio de la depresión.
Pahel, demonio del alcoholismo.
Nelak, demonio de la locura.
Yiai, demonio de la traición.
Melah, demonio de la mezquindad.
Chaho, demonio de la esterilidad.

- ***Los Demonios de Leo***

Nethah, demonio del orgullo.
Haa, demonio del abuso.
Yereth, demonio de los celos.
Shaah, demonio de la inseguridad.
Riyi, demonio de la crueldad.
Aum, demonio de la dependencia.

- ***Los Demonios de Virgo***

Lekab, demonio de la obsesión.
Vesher, demonio del onanismo.
Yecho, demonio del servilismo.
Lebach, demonio de la indignidad.
Keveq, demonio del robo.
Menad, demonio del fracaso.

- ***Los Demonios de Libra***

Ani, demonio de la vanidad.
Chaum, demonio de las pesadillas.
Rebau, demonio de la frigidez.
Yeiz, demonio de la irritación.

Hahah, demonio del subterfugio.
Mik, demonio del desequilibrio.

• ***Los Demonios de Escorpio***
Veval, demonio de la perversión sexual.
Yelah, demonio de la prostitución.
Sael, demonio de la usurpación.
Auri, demonio de la violencia.
Aushal, demonio de la enemistad.
Miah, demonio de las malas artes ocultas.

• ***Los Demonios de Sagitario***
Vaho, demonio de la angustia.
Doni, demonio de la ansiedad.
Hachasch, demonio de la ignorancia.
Aumemem, demonio del egoísmo.
Nena, demonio de la irresponsabilidad.
Neith, demonio del sectarismo.

• ***Los Demonios de Capricornio***
Mabeh, demonio de la avaricia.
Poi, demonio de la tentación.
Nemem, demonio del abuso de poder.
Yeil, demonio del genocidio.
Harach, demonio del racismo.
Metzer, demonio de las deformaciones físicas, mentales y espirituales.

• ***Los Demonios de Acuario***
Vamet, demonio de la apatía.
Yehah, demonio de la desidia.
Aunu, demonio de la inmentalidad y la negación.
Mechi, demonio de la deshumanización.

Dameb, demonio de la manipulación mental y científica.
Menaq, demonio de la irracionalidad.

• ***Los Demonios de Piscis***

Aiau, demonio de la demencia y la degeneración.
Chebo, demonio de la drogadicción.
Raah, demonio del deslumbramiento.
Yebem, demonio de la postergación.
Haiai, demonio del encarcelamiento.
Moum, demonio de la destrucción.

Estas sombras actúan sobre todos los signos, pero inciden más directamente sobre los que tienen más cerca, sobre los nativos de su propia demarcación.

Los Ángeles Custodios nos protegen de ellos, pero no pueden evitar que nosotros sigamos sus pasos por iniciativa o dejadez propia.

EPÍLOGO

LA LUCHA ENTRE EL BIEN Y EL MAL

En una lucha
puede haber un vencedor,
pero en una guerra
pierden todos.

«Una mañana de no hace mucho tiempo se encontraron, en lo alto de los Himalayas, un ángel y un demonio.

—¿Qué haces aquí? —preguntó el demonio.

—Vengo a ver el amanecer y el despertar de esta flor.

—¿Para qué?

—Para disfrutar del milagro de la obra de Dios.

—¡Valiente tontería! Yo vengo por el alma de un escalador.

—¿Y cómo conseguirás su alma?

—Muy fácilmente, le salvaré la vida. Cuando el pobre esté desfallecido en medio de la nieve y azotado por el aire de este amanecer helado que vienes a contemplar tan perezosamente, y llame a tu Señor sin escuchar respuesta, yo estaré ahí, listo para cambiarle su alma eterna por lo que le resta de vida.

—No puede ser —dijo el ángel inocentemente—, tú y yo sabemos que la hora de la muerte es inamovible, que el escalador morirá si tiene que morir, y que vivirá si tiene que vivir. Nadie puede interferir en el momento final de su destino. ¿Es que no lo sabes?

—Yo lo sé —sonrió el demonio—, y tú lo sabes, pero el escalador no tiene ni la más mínima idea, y, cuando se sienta perdido y abandonado, llamará a su Dios varias veces, sin que Él se digne a darle la más mínima señal de que su destino es seguir viviendo, entraré yo en escena y le prometeré sacarlo del trance a cambio de que me entregue su alma. El pobre estará tan asustado y tan enfadado con Dios, que no dudará en hacer el trato que le ofrezca.

—¡Tramposo, eres un tramposo!

—Por supuesto, soy un demonio.

—No te dejaré que lo hagas.

—¿Y cómo lo impedirás? ¿Me pegarás, me harás daño, me matarás?

—No, bien sabes que no debo hacerlo.

—¿Entonces, qué harás?

—Le daré ánimo al escalador, influiré en su alma…

—No me hagas reír. ¿Qué ánimo podrás darle si el pobre estará muerto de miedo? ¿No sabes que el miedo es el alimento de las sombras? No te escuchará, no te sentirá, no pensará en su alma, tonto, sólo pensará en salvar su cuerpo.

—Tienes razón…

—Lo sabía.

—Eres más sabio de lo que pensaba.

—Por supuesto.

—No podré hacer nada cuando el escalador pase por sus peores momentos de debilidad. No puedo ni debo interceder en lo que él haga por iniciativa propia…

—¡Está claro!

—Sin embargo…

—¿¡Qué!?

—No sé, se me ocurre que el alma de un pobre mortal es poca cosa para un demonio tan inteligente como tú.

—Ahora eres tú quien tiene razón, pero el mercado de almas está muy mal, y hay que conseguir lo que se pueda, y no lo que yo quisiera.

—Tendrás que aspirar a algo más…

—¿A algo más? Pero si no hay nada más por el momento. El alma más cercana que hay por aquí es la de una cabra, y el alma de un humano es mejor que el alma de una cabra, te lo aseguro. Además, no se me da muy bien hacer tratos con las cabras.

—¿Te olvidas de mí?

—No, pero conseguir el alma de un ángel es prácticamente imposible.

—¿De verdad lo crees?

—No lo creo, lo sé. Mira, si uno de nosotros intenta comprarle el alma a un ángel, puede tener problemas con las huestes celestiales. Si le quito el alma a un hombre, tú no puedes atacarme, pero si intento apoderarme de tu alma, sí podrías atravesarme con tu espada de fuego. No intentes engañarme, que me conozco el reglamento.

—¿Tienes miedo?

—No, no es eso, yo no le temo a los ángeles, pero ahora no tengo tiempo de luchar contigo, porque dentro de un instante el escalador empezará a desesperar y he de estar ahí para aprovechar el momento.

—Espera, espera. Te doy mi palabra de ángel que no lucharé, que no opondré resistencia.

—No te creo…

—¡Lo juro!

—No sé, no sé —el demonio dudó por un instante—, ¿y qué me pedirías a cambio de tu alma?

—Poca cosa.

—¿Qué? Venga, dímelo, date prisa, que ahora estamos en la esfera de tiempo de los hombres y no puedo esperar más.

—Sólo te pido que dejes en paz a ese hombre.

—¿Eso es todo?

—¡Lo juro!

—¡Trato hecho! Ahora mismo empiezo a preparar el documento.

—De acuerdo.

—Nunca pensé que atrapar el alma de un ángel sería tan fácil.

—Ya lo ves…

—¿Tienes sangre para firmar el documento?

—No, soy un ángel, ¿recuerdas?

—¡Qué lata! Lo había olvidado.

—¿Te serviría una de mis lágrimas?

—No lo sé…

—¿No lo has hecho antes?

—Pues…, me gustaría mentirte y decirte que sí, que llevo muchas almas de ángeles en mi haber, pero sería inútil, al momento te darías cuenta de que es la primera vez que atrapo a uno de vosotros.

—¿Y entonces con qué firmo, con nieve?

—¡No te burles de mí! ¡Mira que estás a punto de pertenecerme!

—No pretendía burlarme…

—Deja que consulte el manual.

—¡Mira, parece que el escalador ha podido salvarse sin tu ayuda!

—¿¡Qué!? ¡Maldita sea! ¿No me digas que ahora vas a echarte para atrás y que no firmarás el contrato?

—No, nada de eso. Te di mi palabra de ángel y estoy dispuesto a cumplir.

—¡Uf, menos mal!

—Bueno, ¿te sirve una lágrima o no?

—Sí, aquí lo dice, me sirve una lágrima tuya. Venga, llora un poco y firma, que no tengo todo el día.

El ángel empezó a llorar.

—Pero no llores mucho —dijo el demonio—, que a mí eso de las lágrimas, ya sabes…

—No, no lo sé…

—Pues eso, que me ablandan, me enternecen… ¡Y mira que soy un demonio feroz con toda la barba!

—No te preocupes, no se lo diré a nadie, entiendo lo que te pasa…

—¿¡Cómo que lo entiendes!?

—Eso te pasa porque en tu interior, muy en el fondo, pero muy en el fondo, sigues teniendo una chispa de luz divina, esa chispa de luz divina que anima a todos los seres de la creación.

—¡Mentira!

—Los ángeles no mienten. Todas las cosas de la creación tienen una chispa de luz divina, hasta tú. Recuerda que, te guste o no, también eres parte de la creación y del universo.

—¡Calla de una buena vez! ¡Venga, con esas lágrimas es suficiente! ¡Firma aquí, en la línea punteada!

El ángel cogió una de sus lágrimas, y con su dedo de fuego empezó a firmar sobre la línea punteada.

El demonio, que se había enternecido un poco con las lágrimas, esbozó una sonrisa de triunfo y sintió que el pecho se le henchía de orgullo. Sí, dentro de poco sería la envidia de su orden demoníaca.

El sol del amanecer se elevaba en el horizonte, y la pequeña flor de montaña abría sus ojos ante el astro rey. El ángel, mientras ponía las primeras letras de su nombre, creía ver por última vez la esplendorosa hermosura de la creación de

Dios. Un ser tan humilde como la flor, entraba en comunión con un ser tan grandioso como el sol.

Justo en ese momento, desde el infierno brotó una voz, al tiempo que el contrato de compra-venta de almas se desvanecía sin que el ángel terminará de estampar su firma.

—¡Tonto! —tronó la voz de Lucifer— ¡Ese contrato es nulo!

—¿Por qué? —preguntó el demonio acobardado y sorprendido.

—¡Porque parte de un acto de supremo sacrificio! ¡Estúpido!

—¡No puede ser! —gimió el demonio.

—Lo siento mucho —dijo el ángel intentado consolarlo—, no era mi intención hacerte padecer.

La voz de Lucifer volvió al averno. El demonio, presa del desencanto, empezó a descender por la montaña. Y el ángel, aliviado y enternecido por la mala suerte del demonio, le preguntó a su rival:

—¿Adónde vas ahora?

—¡Qué te importa!

—Venga, no te lo tomes así, ya tendrás otra oportunidad…

—¡Seguro! Ahora mismo voy en busca de la cabra, a ver si a ella sí le puedo robar el alma.

—Bueno, lo siento, espero que tengas suerte con la cabra.

—¿Es que no vas intentar impedírmelo?

—No, yo me quedo a observar el sol y las flores.

—¿¡Es que no te importa lo que le pueda pasar a la cabra!?

—Claro que me importa, pero yo sólo sigo los deseos de Dios, y Él me dijo que viniera hoy aquí, a observar el amanecer, el sol y las flores de montaña. Porque me dijo que observando la majestad de su naturaleza divina, hoy mismo salvaría tres almas.

El demonio ya iba bastante lejos, pero no pudo dejar de ver que el ángel lloraba viendo las flores y el sol.

—¿Y ahora por qué lloras? —le gritó desde lejos.

—Porque sólo he salvado dos almas. La mía y la del escalador.

—¡Deja de llorar, tonto, que ya has salvado tres almas! ¡Hoy me han salido tan mal las cosas, que no pienso molestar a la cabra!

El ángel daba gracias a Dios, sin ver que el demonio, que bajaba a toda prisa por la montaña tapándose la cara para que nadie lo viera llorar, iba perdiendo los cuernos y la cola, al tiempo que de su espalda empezaban a brotar unas alas.»

ÍNDICE